KB172056

평범한 교사의 비범한 평가 도전기

평범한 교사의 비범한 평가 도전기

지은이 김수길

발 행 2017년 12월 6일
펴낸이 김진우 임종화
펴낸곳 좋은교사운동 출판부
출판등록번호 제2000-34호
주 소 서울특별시 관악구 남부순환로 218길 36, 4층
전 화 02-876-4078
이메일 admin@goodteacher.org

ISBN 978-89-91617-44-5 03370

www.goodteacher.org

평범한 교사의 비범한 평가 도전기

김수길

좋은교사 연구실천 프로젝트 X 14

좋은교사

‖ 발간사

교육 난제는 현장 교사가 풉니다!

임진왜란 때 선조가 이순신에게 총공격을 명령했지만 이순신은 적의 유인 전략이라 판단하여 공격하지 않았던 일이 있습니다. 이로 인해 이순신은 관직을 박탈당했고, 대신 출정한 원균의 군대는 전멸하고 맙니다. 현장의 상황을 모르고 내린 결정이 얼마나 어처구니 없는 것인지를 보여주는 사례입니다.

"초등학교 사회 교과서는 대학생 교재보다 어렵습니다. 왜냐하면 그 많은 내용 요소를 압축적으로 구겨넣어 놓았기 때문이죠. 이런 교과서를 만든 사람이 한번 가르쳐보라고 하고 싶네요."

수업에서 학생들에게 배움의 기쁨을 누리게 하고 싶다는 것은 모든 교사들의 소망이지만 현장의 상황을 모르고 내려오는 교육과정과 각종 사업 등 수많은 장애물들이 우리의 발목을 붙잡고 있습니다.

“현장에 답이 있다”는 말을 많이 합니다만 교육정책을 좌우하는 관료, 교수, 정치인들은 현장 교사들의 목소리를 귀담아 듣지 않습니다. 이렇게 된 데에는 우리가 교육전문가로서의 교사의 역할을 적극적으로 찾지 못한 책임도 없지 않습니다.

이제 현장의 교육전문가인 우리 교사가 나서야 합니다. 우리 교육에는 수많은 난제가 산처럼 버티고 있습니다. 우공이산(愚公移山)의 결기로 우리 모두가 이와 씨름하는 일이 개미떼처럼 집단적으로 일어나야 합니다. 그러한 노력들이 격려되고, 공유되고, 확산될 때 우리 교육은 아래로부터 변화되어갈 것입니다. 이 과정은 교육전문가로서의 교사 성장에 큰 도전이 될 것입니다. 이를 통해 수동적 전달자가 아닌 능동적 연구실천가로 성장하게 될 것입니다.

좋은교사운동은 우리 교육의 난제를 현장 교사들의 힘으로 풀어나가는 프로젝트를 시작했습니다. 이름하여 “좋은교사 연구실천 프로젝트 X”입니다. X는 난제를 뜻합니다. 이제 X를 붙들고 고민한 결과가 세상에 모습을 드러냈습니다. 그 동안 바쁜 학교생활 가운데서도 시간을 쪼개어 문제와 씨름하는 노고를 감당하신 선생님과 멘토와 행정적인 모든 수고를 감당해주신 사무실의 간사님들과 연구위원장 조창완 선생님께 존경과 감사의 뜻을 전합니다.

- 2017.2.25. 좋은교사운동 공동대표 김진우

‖ 머리말

선생님, 이 책은 비범한 평가 '도전기'입니다.

"평범한 교사의 비범한 평가 도전기"

책의 제목을 뭐라 할까 고민하다가 저렇게 써놓고는 '미쳤나?'라고 스스로에게 되묻습니다. 내 주제에 '비범한 평가' 이야기라니….

그렇습니다. 전 뭐, 그리 대단한 교사가 아닙니다. 석사나 박사 학위가 있는 것도 아니고(대학원을 다녀보았다는 건 비밀), 교무부장이니 연구부장이니 같은 보직교사도 아니고(14년째 평교사임), 방과 후 특기 적성 수업 개설과 동시에 '광 클릭 마감'을 이끌어내는 능력을 지닌, 학교에 한 두 분씩은 꼭 있다는 속칭 '슈퍼스타' 교사도 아닙니다.(지난 학기 개설한 '철학을 읽는 시간'엔 2명이 신청)

어쩌면 평균 이하의 교사인지도 모르겠습니다. 교원능력개발평가 결과의 몇몇 항목이 학교 평균값을 밑돌아 학생 눈치를 보기도 하고, 성과급 최저등급인 B등급을 받아 아내에게 미안하다고 말한 적도 몇 번 있거든요. 심지어는 '교사라는 직업이 내게 맞는가, 그만두는 게 여러 사람 위해 낫지 않을까' 고민한 적도 여러 번 이고요.

그런 지경이다 보니 자천 타천으로 이런 저런 연수에 참여하게 됩니다. 연수를 받다보면, 수업 사례 발표나 학교 특색 프로그램 우수 사례 발표 같은 것들을 들을 기회가 있는데요. 휘황찬란한 이야기를 듣다보면 입이 떡 벌어지면서 이런 생각이 절로 듭니다. '저렇게 훌륭한 건 저 분 정도나 되니까 가능한 거겠지. 딱 보니 능력자 선생님이네. 내가 해보기엔, 특히 우리 학교에서 해보기엔 너무 어려워. 우리 학교에 말썽쟁이들이 좀 많아야 말이지. 더구나 우리 학교는 수능을 준비하는 인문계 고등학교인 걸.'

그런 제가 '비범한 평가'에 대해 쓴다? 와우! 그저 민망할 뿐입니다. 책 제목에 대해 변명하자면 이렇습니다. 이 책이 담고 있는 이야기는 절대로 '비범한 평가기'가 아닙니다. 앞서 말씀드린 것처럼 평범 혹은 좀 처지는 교사의 비범한 평가 '도전'에 관한 이야기입니다. 비범한 평가에 '도전은 해보았지만 (사실상) 실패라고 볼 수 있는 이야기'를 '비범한 평가 도전기'라는 제목으로 써 보려 합니다.

때문에 책을 집어든 선생님께 부탁드립니다. 평가에 대한 본격 학술 연구서나 학생들 표현으로 '신박한' 평가 방식 등을 기대하셨다면 다른 책을 보시고, '나도 좀 처지는 보통 교사인데, 요새 평가에 대해 고민이 많아. 그러니 이 책을 보며 위로나 나누어야겠어.' 라는 마음으로 가볍게 읽어주시면 좋겠습니다.

2017년 8월
여름 방학 없이 교무실에 홀로 앉아 타이핑했던
평범한 교사 김수길

‖ 목 차

Ⅰ. 나는 어떻게 비범한 평가에 도전하게 되었는가?

1. 김진우 그를 만나다

김진우. 현직 교사. 사단법인 좋은교사운동 공동대표. 내가 파악한 그의 특기는 '사람 부추기기'

그랬습니다. 사람 부추기기가 특기인 김진우 선생님을 우연히 만났습니다. 이순신이 어쩌고, 선조가 어쩌고 하시면서, 교육계에도 현장을 잘 아는 교사들이 실천 운동가로 나서야 한다는 겁니다. 특히 실천하는 연구자가 들불같이 일어나야한다면서, 수업과 평가 개선에 대한 실천 연구가 필요하다는 겁니다. 뭐 딱히 저를 보고 하신 말씀은 아니었던 것 같기도 한데, 안타깝게도 저는 그 이야기를 귀담아 들어버렸습니다.

그리곤 남몰래 고민하기 시작했습니다. '프로젝트 X'라고 좋은 교사 운동에서 실천하는 교사 연구자를 모집한다는데, 한 번 해볼까? 라는 고민이었지요. 머리말에 쓴 것처럼 저는 평범하다 못해 조금 처지는 교사이다 보니 언감생심 뭔가 '연구' 혹은 '실천'에 도전한다는 것이 너무 너무 막연하고 어렵게 느껴졌습니다. 학위도 없는 제가 연구라고 뭔가 해봤을 리 만무하고, 논문이라면 학부 때 몇 편 읽어본 게 전부이고, 심지어 누구나 한 번씩은 해본다는 교육청 주관 무슨 무슨 대회 조차도, 단 한 번 나간 적이 없었으니까요.

근데 무슨 오기가 생긴 걸까요. 겁도 없이 지원서를 다운로드해서는 컴퓨터 위에 띄워놓고 쳐다보기 시작했으니까요. 십 몇 년을 교사로 일하면서 외도? 한 적 없이 조용히 살았으니, '뭔가 해볼까?'라는 마음이 조심스레 일었습니다. 아닌 게 아니라 그때쯤 심각하게 교직 생활에 대해 회의할 때였거든요. 함께 교직에 들었던 십여 년차 동기 교사들이 '교과서 집필'이니, '수능 출제'니, '저서 집필'이니 하면서 바쁜 척 하고 있는데, 저는 하릴 없이 시간만 보내고 있었으니까요.

그때 즈음 썼던 일기에 이런 게 있습니다.

내 나이 사십. 이제 인생의 삼분의 일, 짧게 세면 절반 정도 살았다.

누군가 내게 비행기와 숙식이 해결되는 한 달짜리 유럽 여행권을 준다면 얼마나 기쁘고, 고마울까.

근데 그것보다 더 큰 선물을 받았으니

백 년짜리 여행권이다.

그 안에는
셀 수 없이 많은 사람을
만날 권리
다양한 음식을 맛 볼 기회
울고, 웃고, 괴로워 할 수 있는 경험
모든 기회가 다 있다.

그 여행권 이름이
'삶'이다. 이제 육십 년 남았다.

앞으론 또 어떤 재밌는 일 있을까.

솔직하게 짚어보면, 친구 교사들이 잘 나가고 있는 판에 나는 아무 것도 한 게 없는 듯해서 괴로웠던 거지요. 그러는 동안에도 나이는 먹어 이십대에 시작한 교직이 어느덧 사십에 이르렀고, 저런 일기나 쓰며 자위하고 있었던 듯싶습니다.

결국 전 프로젝트 X 지원서 접수 하루를 남겨놓고 부랴부랴 '결심'하게 됩니다.

'그래. 뭐 한 번 해보지.'

평소 같았으면 흘려들었을 김진우 선생님 이야기가 절묘하게 개인적인 회의감에 겹치면서 교사로서의 내 삶을 되돌아 볼 기회를 만들어 준 셈입니다. 어쨌든 교사는 수업을 수행하고 그것이 잘 되었나 평가하면서 되돌아보는 게 일상이니까요. 그 일상에 '반성적 실천'을 해보기로 다짐하게 된 것은 위와 같은 지극히 개인적이고 소심한 이유 때문이었습니다. 결코 '수업'이나 '평가 개선'에 대한 능력자 교사들이나 가질 법한 거창한 열망 때문이 아니었음을 고백합니다.

2. 다소 거창했던 연구계획서 쓰기

이유야 어찌되었든 연구 수행을 위해서는 계획서를 써야만 했습니다. 그리고 기왕 쓰는 계획서이니 남들 눈에 선정될만한, 적나라하게 이야기하면 연구비를 선뜻 내어 줄만한 그럴싸한 계획서를 만들어야 했습니다.

이를테면, 연구주제를 명료하게 하고, 연구과정을 세세하게 기술하고, 연구방법을 적시하는 따위의 것들인 거지요. 불행인지 다행인지 개인적으로 무슨 무슨 대회에 '저만의' 작품을 출품한 적은 한 번도 없지만, 희한하게도 그 동안 제가 해왔던 학교 업무는 각종 '지원서 쓰기'였습니다. '돈은 교육청에서 줄 테니 학교별로 특색 사업을 만들어내라' 뭐 이런 것들 있잖아요? 그러려면 필연적으로

'단위 학교 사업 계획서'를 쓰게 되는데, 이상하게도 그런 계획서 쓰는 일이 제 업무였던 거지요.

때문에 연구 계획서를 쓰는 일은 생각보다 오래 걸리지 않았습니다. 굼벵이도 구르는 재주가 있다고, 그야말로 일필휘지. 누군가 불러주는 것을 받아 적기만 하는 것처럼 후다닥 써 내려갔습니다. 다음은 그때 썼던 연구 계획서입니다.

〈연구계획서〉

---

1. 연구목적 및 필요성

: '선발'을 위한 평가에서 '성장'을 위한 평가로

교육은 본질적으로 교육에 참여하는 자의 성장이라 불리는 변화를 목표로 한다. 따라서 교육이 이루어진 후에는 어떤 변화가 어떤 방향으로 진행되었는지, 즉 어느 정도의 성장이 얼마나 일어났는지 확인하는 과정이 필요하다. 이를 '교육평가'라 한다. 그러나 안타깝게도 우리 교육은 성장을 위한 교육이나 변화의 양을 재는 평가 행위가 적다. 오히려 우리 교육 현실은 교육의 부수적 효과인 권한 획득이 중심이 되고 있고, 평가 역시도 선발을 위한 서열 확인 도구로 사용되고 있을 뿐이다. 따라서 연구자는 '선발'이 아닌 '성장'을 위한 평가 모형의 개발과 현장 적용을 통해 배움의 기쁨이 살아나는 교육을 실천하고자 한다.

2. 연구내용

: 성장의 방향이 되어야 할 역량의 설정 및 평가 모형 개발

미래 교육 환경 변화에 따른 역량 기반 교육 과정 논의가 진행 중이다. 경기도 교육청, 부산 교육청 등이 역량 기반 교육을 추진 중인데, 주로 역량의 개념을 명료화하는 일과 각 교과별 세분화된 역량을 설정하는 일에 집중하고 있다.(백남진(2016)은 역량 기반 교육과정의 운영 사례를 종합하여 역량의 개념과 교과별 역량에 대해 연구하였고, 경기도교육청(2012)은 역량중심 교육과정을 도입하여 이른바 창의지성교육을 추구하였으며, 노승현은 한국인격교육학회 발표문에서 이 교육과정을 비판적으로 검토한 바 있다.) 그러나 누구나 동의할만한 합리적인 역량 개념이 제시되지 않고 있고, 교과별 세부 역량 설정 역시 구체적으로 언급되지 않고 있다.

역량과 관련한 수업 및 평가 모형으로 수행된 연구 역시 많지 않으나, 자유학기제와 관련한 김진우의 제안이 다소 설득력 있어 보인다. 김진우(2016)[1]는 자유학기제의 수업과 평가 혁신을 위해 교육과정평가원, DeCeCo, 기타 국가기관 등의 역량 기준을 비교 분석한 바 있고, 그에 따라 도덕과에서 가르쳐야 할 역량과 평가에 대한 기술 방식을 제안하였다. 그러나 역량 설정의 기준이 여전히 모호하고, 각 역량이 어떤 수행 능력을 의미하며, 역량을 5점 혹은 3점 척도로 설정한다고 할 때 급간간의 차이를 무엇으로 두어야 할지에 대해서는 스스로 차후 논의로 남겨둔 바 있다. 이수영(2016)[2]은 초등학교 영어 교과에서 핵심 역량에 따른 수행평가 모형을 개발하고 적용한 사례연구 보고서를 작성하였으며, 이를 토대로 고교 사례로 확대 적용 가능성을 검토할 필요가 있다고 보인다. 황보근영(매홀고 수석교사)등 경기 수석교사 일부도 출간물 형태로 발표한 적은 없으나 역량 중심 수행 평가를 시행하고 있는 것으로 알려져 있다. 그러므로 연구자는 고교 도덕과 교육에서 교육되어야 할 역량에 대해 설정하고 이에 근거하여 평가 모델을 개발하여, 현장 적용 후 관련 결과물을 출판(프로젝트 X)하여 일반화 가능성을 검토하고자 한다.

3. 연구 방법

1) 역량 개념과 관련한 선행 연구 분석 및 정의 : 이수영, 경기도교육청, 백남진 등

2) 관련 선행 연구 실행자 면담을 통한 문제점 인식 및 개선된 수행평가 설계 : 황보근영(매홀고 수석교사) 등
3) 현장 적용 후 문제점 검토 및 개선안 마련

4. 기존 연구와 다른 점

평가가 선발을 위한 도구로 사용될 때 필연적으로 공정성이 중시 되며, 상당수 연구가 평가의 공정성을 담보하기 위한 방법에 집중하고 있으나, 본 연구는 학습자의 성장에 좀 더 초점을 맞추고 있다. 특히, 일반계 고교는 교과과정 운영 및 평가가 상급학교 진학을 위한 평가에 집중되어 있기에, 본 연구 사례가 의의를 가질 것으로 기대된다.

5. 목차

I. 서론
1. 교육 평가의 의미와 본질
2. 역량 중심 평가의 필요성

II. 본론
1. 역량의 의미
2. 고등학교 도덕 교과에서 역량의 의미
3. 역량 선정의 제 기준
4. 고등학교 도덕과 핵심 역량
5. 평가 모델 제언

III. 결론
1. 평가 실행 결과
2. 문제점 및 향후 계획

6. 연구 결과의 기대 효과 및 활용 방안

1) 최근 수행된 역량 중심 교육의 성과를 종합하여 일반계 고등학교에서의 도덕 교과 핵심 역량을 선정함
2) 선정한 역량의 구체적 개념을 제시하고, 역량 내의 성취 수준 간 차이를 합리적 근거에 따라 제안
3) 역량 중심 수행 평가의 보편화 가능성 확인
4) 평가 모형의 실제 적용에 따른 문제점 확인 및 개선점 제안

7. 연구 추진 일정

9-11월 역량 개념에 대한 연구 및 도덕과 역량 개념의 설정
- 김진우 인터뷰
- 관련 자료 수집

12월-2월 역량 개념에 따른 평가 모형 구안
- 황보근영, 이수영 인터뷰(기 적용 사례 성과 및 문제점 청취)
- 기존 평가 모델 분석

3월-7월 개발된 모델에 따른 현장 적용
- 김진우, 조창완 인터뷰(설계 내용 피드백 수렴)

8월 적용 성과 및 문제점 분석 보고서 작성

---

1) 김진우, '자유학기제의 수업과 평가 혁신을 위해 친절한 성적표를 제안한다.' 사교육 걱정없는 세상 토론회 발제문(2016)
2) 이수영, '초등학교 핵심역량 기반 영어 수행평가 모형 개발 및 적용', 한국교원대학교 박사학위 논문(2016)

어떠세요? 제가 보기엔 좀 지나치게 거창해 보였습니다. 부끄럽기도 하고요. 연구의 '연'자도 모르면서 전문 연구자 흉내를 낸 것처럼 느껴졌거든요. 아무튼 그렇게 지원서를 냈습니다. 얼마 뒤 '프로젝트 X'의 실무 담당자인 조창완 선생님으로부터 만나자는 연락을 받았습니다. 연구자로 선정되었으니 축하한다면서 자세한 이야기를 나누자고 하시더군요. 만나서는 이렇게 말씀하셨습니다. '연구 주제가 선명해서 좋았다'고 격려차 하신 말씀이신지, 진심이신지……. 아무튼 저의 '연구' 혹은 '실천'은 그렇게 시작되었습니다.

3. 평범한 평가와 비범한 평가

1) 평가란 무엇인가?

사연이야 어찌되었든 '평가'를 연구와 실천의 주제로 잡았으니, 평가에 대해 공부를 해야 했습니다. 사실 평가에 대해 아무 것도 몰랐거든요. 그저 학기에 두 번씩, 실수하지 않을까 전전긍긍하면서 '지필고사 문항 만들어 내는' 정도가 제게 지닌 평가 행위의 전부였습니다. 예, 좀 부끄럽습니다. 그래서 일단은 평가와 관련해 출간된 최근 서적들을 사 모았습니다. 박현숙 외(2015) 『수업고수들 수업, 교육과정, 평가를 말하다』, 김해경 외(2016) 『성장과 발달을 돕는 초등 평가 혁신』, 정창규 외(2016) 『평가란 무엇인가』, 이형빈

(2015) 『교육과정-수업-평가 어떻게 혁신할 것인가』, 김덕년(2017) 『교육과정-수업-평가-기록 일체화』, 천정은(2017) 『당신의 교육과정-수업-평가를 응원합니다』 등이 그 책들입니다.

공교롭게도 저자가 모두 교사이거나 교사 출신이신 분들이었습니다. '수업이나 평가 개선에 대한 열망과 노력이 결국은 현장 교사들의 수고 속에서 열매 맺고 있구나'라고 생각할 수밖에 없었습니다. 제가 그 길에 함께 하게 된 건 영광스러운 일이겠지요? 이 책을 읽으시는 선생님께서도 그런 분들 중에 한 분 이실 테고요.

또 하나 눈여겨 볼 점은 평가만 이야기하는 책은 별로 없더라는 겁니다. 대체로 '평가와 수업' 혹은 '교육과정' 때로는 평가 후 피드백으로서의 '평가 행위 기술(記述)' 등이 함께 논의되고 있는 점이 특별했습니다. 정리해보면 '학교 현장에서의 평가'란 '교사와 학생 상호간의 특별한 상호관계 속에서 일어나는 역동을 교육과정-수업-평가-기록 등으로 체계화하는 행위'로 이해할 수 있겠습니다. 물론 엄밀한 학문적 의미로 접근할 때의 평가 개념[3]과는 완전히 다를 수 있겠습니다. 다만 학교 현장에서 논의되는 2017년 현재 진행형으로서의 평가는 '교육과정-수업-평가-기록 등을 종합적으로 아우르는

---

3) 교육학 사전에서 말하는 교육평가란 '교육목적의 달성도에 관한 증거 및 교육목적의 달성에 영향을 미치는 변인에 관한 **증거를 수집**하고 그에 대해 **교육적 의사결정을 내리는 과정**(서울대학교 교육연구소(1995), 『교육학 용어 사전』)'으로 기술되어 있고요. 덧붙여, 학교에서 진행하는 평가의 법적 근거는 초중등교육법 제25조에 나와 있는데요. 적당히 요약하면 '학교의 장은 학생의 학업성취도와 인성 등을 종합적으로 관찰 **평가**하여 **학생지도** 및 **상급학교의 학생 선발에 활용**할 수 있는 자료를 작성 관리하여야 한다.'입니다. 즉, 책과 법에서 말하는 평가란 '학생지도 및 진학을 위한 자료 생성'등 교육적 판단을 위한 근거 자료(혹은 그 과정)로서의 의미를 갖는다고 볼 수 있습니다.

교사의 행위 전반'으로까지 이해할 수 있겠습니다.

2) 평범한 평가

평가 관련 개론서들은 평가 목적과 관점에 따라 평가를 크게 두 가지 유형으로 구분하고 있습니다. 학생 상호간의 비교를 통해 상대적 서열 확인을 목적으로 하는 '규준참조 평가(상대평가)'와 이미 주어진 성취 기준점에 학습자가 얼마나 도달했는가를 재는 '준거참조평가(절대평가)'가 그것입니다.

제가 학교 다닐 때 경험했고, 교사가 된 지금도 학교에서 일상적으로 시행하는 시험 혹은 수행평가는 철저하게 교육 참가자들의 서열 확인을 목적으로 하는 행위입니다. '교육 행위를 통해 학생들이 얼마나 알게 되었나' 혹은 '교사가 얼마나 가르쳤나'가 중요한 것이 아니고 학습자들이 '앞에서 몇 번째 인지' 혹은 '뒤에서 몇 번 째 인지'를 판별하는 평가입니다.

얼마 전에 저희 학교 기숙사에서 지내는 학생 한 명이 시험 점수를 잘 받기 위해 노력했던 이야기를 꺼냈습니다. 기숙사에서 공식적으로 새벽 한 시에 불을 끄고 자라하니, 별 수 없이 화장실 칸막이 안에 들어가 변기를 책상삼아 차가운 타일 바닥에 앉아 새벽 네 시까지 공부했다는 이야기였습니다. 공부를 많이 했다고 자랑스러워하는 모습은 아니었고, 그렇게 하는데도 원하는 성적, 즉 원하는 등급으로서의 서열이 나오지 않아 애탄다는 내용이었습니다. 심지어 아예 밤을 새는 친구들도 있으니 이 정도로는 안 되겠다며 울먹이

기까지 했습니다.

규준참조 평가의 단점으로 지적되는 것들이 흔히, '경쟁을 통한 학습 동기 유발 전략 사용', '서열주의식 사고 조장', '배타적 경쟁으로 인한 협동심 하락'4) 등인데 바로 면전에서 그런 현상을 목격하니 저도 마음이 착잡해졌습니다.

마음 아픈 일이긴 하지만, 학생들이 서로 경쟁하는 가운데, '성적 떨어지면 대학 못 간다고 채근' 해야 하고, '이번엔 몇 등이나 했지' 라고 확인하는 일들이 학교에서 거의 매일 마주하는 몹시 일상적이고, 아주 아주 평범한 일들입니다. 그러니 제게 이런 상황을 만들어내는 평가는 그다지 새로울 것 없는 '평범한 평가'일 수밖에 없습니다. 선생님들께서도 대체로 그러한 평범한 평가를 경험하시지 않나요?

3) 비범한 평가

앞서 말씀 드린 것처럼 평가 유형을 평가 목적에 따라 선발 중심의 상대평가와 성장 중심의 절대평가로 나누어 볼 수 있겠는데요. 강원도 교육연구원의 이형빈 선생님께서는 좀 더 구체적으로 시험의 개방성, 시험 시기, 시험 목적을 기준으로 다음과 같은 좀 더 세부적인 평가 분류 틀을 제시하셨습니다.5)

4) 국광윤 외(2017)「변화되는 교육환경에 맞춘 중등 수업 평가 혁신 자료집」, 비상교육. 21쪽

5) 이형빈(2015), 『교육과정-수업-평가 어떻게 혁신할 것인가』 284쪽-313쪽

① 시험의 개방성 여부에 따라 : 폐쇄적 평가와 개방적 평가

〈개방성 여부에 따른 평가 유형 분류〉

폐쇄적 평가	개방적 평가
학습자 실력에 대한 엄격한 판별 고난도 문제를 통한 학습 수준의 변별 엄격한 채점 기준으로 공정성 확보	학습자의 다양한 특성화 확인 적극적 참여자라면 해결 할 수 있는 수준의 난도 정답의 다양성이 인정되는 수행 및 논술형 평가

② 시험 시기에 따라 : 결과 중심 평가와 과정 중심 평가

〈시험 시기에 따른 평가 유형 분류〉

결과 중심 평가	과정 중심 평가
학사 일정에 따른 행위, 진도에 따른 당연한 절차로서의 평가	간단한 시험을 통한 사전 학습도 조사(진단평가) 학습활동으로서의 평가 및 학습 재구조화를 위한 평가(형성평가) 학습 내용 측정 및 종합적 확인을 위한 평가(총괄평가)

③ 시험 목적에 따라 : 선별 중심 평가와 성장 중심 평가

〈시험 목적에 따른 평가 유형 분류〉

선별 중심 평가	성장 중심 평가
시험을 통한 상급교 진학 자료 산출 시험을 통한 서열 확인	시험을 통한 학습자의 성장 정도 확인 시험을 통한 학습 부족부분 확인 및 지도 자료 확보

아무래도 표 왼쪽의 폐쇄/결과/선별 중심 평가는 늘 접하는 '평범'한 평가로서 '서열 확인'에 대한 강한 이해와 관점이 반영되어 있다는 생각이 듭니다. 반면 오른쪽의 개방/과정/성장 중심 평가는 상대적으로 잘 실시되지 않기에 좀 더 '비범'해 보입니다. 그래서 오른쪽의 평가 유형 들을 제 나름대로 '비범한 평가'[6]라고 이름을 붙이고는 몇 가지 사항을 추가해서 다음과 같이 정리해 보았습니다.

6) 금방 아셨겠지만, '비범한 평가'는 학술 용어가 아닙니다. 몇몇 학자들에 의해 주장되고 소수의 실천가 교사들에 의해 시행되는 '절대 평가'에, 제가 몇 가지 아이디어를 보태 지어낸, 지극히 개인적인 평가 브랜드 정도로 이해하시면 되겠습니다.

〈평범한 평가와 비범한 평가 비교〉

평범한 평가	비범한 평가
서열 확인을 위한 평가	성장을 위한 평가
학습 결과로서의 평가	학습 과정으로서의 평가
교수자에 의해서만 시행되는 평가	학습자가 평가 계획 및 시행의 의사결정에 참여하는 평가
평가의 결과만 중요한 평가	평가 행위에 대한 반성이 있는 평가
평가 결과만 기록하는 평가	학습과정과 성장과정을 기록하는 평가
(학생 입장에서 볼 때)점수를 깎이게 되는 평가	(학생 입장에서 볼 때)점수를 얻어가는 평가

'비범한 평가'에 대해 장황하게 풀어서 말씀드리면 이렇습니다. 비범한 평가란 1) 학습자와 교사의 성장을 목적으로 2) 학습 과정 중에 시행[7]되며 3) 학습자가 평가 계획에 참여하는 방법으로 4) 학습 과정에 대해 기록하는 평가로서 4) 학습자 입장에서 점수를 얻

7) '과정으로서의 평가'에 대한 논의가 최근 부쩍 많아지는 듯합니다. 그러나 이 개념 역시 학문적으로 논의 되고 있다기보다는 정책적 개념이라고 보는 게 맞을 듯싶습니다. 사실 과정으로서의 평가 개념이 모호한데, '한 번이 아닌, 여러 번' 즉 **횟수**, '수업 후가 아닌, 수업 중' 즉 **학습 연계성**, '한 번의 결과물이 아닌 **여러 단계**로서의' 등 다양한 형태로 이해될 수 있다고 생각됩니다. 여러 서적에서 주로 논의되는 것은 세 번째 의미인 결과물 하나가 아닌 결과물을 만들어 내기까지의 '기획/실행을 아우르는 **과정 전체**'로서의 의미가 강하나, 학교 현장에서는 첫 째와 두 번째, 횟수나 수업 연계성 역시 과정으로서의 평가로 받아들이고 있습니다. 저 역시 개인적으로 첫 째 의미와 두 번째 의미, '수업 연계성 차원과 여러 번의 평가'를 과정으로서의 평가로 이해하고 평가를 실행하였습니다.

어가기에 기쁨을 누릴 수 있으며 5) 평가 행위 자체에 대한 반성을 포함하고 있는 평가라고 말할 수 있겠습니다.

비범한 평가에서 특별하게 주목할 부분은 평가 계획에 대한 학습자 참여인데요. 프레네에 따르면 자발적인 학습 계획이 과제 완수 가능성을 높여준다고 하더라고요.[8] 데시와 라이언[9]이라는 학자도 인간은 자율성의 욕구를 지닌 존재로서 이를 충족하기 위해 노력하는 존재로 설명한 바 있습니다. 기존의 평가가 어쨌든 교사가 계획하고 학습자는 그 학습량을 측정 당하는 대상에 불과했는데, '비범한 평가'는 평가 계획 단계에서 학습자의 참여를 유도하고 있으니, (조금은) 비범하다 할 수 있겠습니다.

---

8) 신현화(2011) 「프레네 교육론이 교육과정에 주는 함의」 한국교원대학교 석사학위. 74쪽에서 재인용.

9) 김아영 외(2008) 「 부모의 자율성 지지가 초등학생의 자기조절학습효능감에 미치는 영향:자기 결정 동기의 매개효과」, The journal of Korean Education 35(4), 3쪽-24쪽 에서 재인용.

II. 비범한 평가에 도전하다

1. 비범한 평가, 세 번의 이야기

1) 첫 번째 실패

앞 장에서 비범한 평가의 중요 요소들로 평가 목적 외에 과정형 평가 / 학생 참여형 평가 / 학습자 입장에서 볼 때 점수를 얻어가는 형태의 평가 등을 꼽아보았습니다. 비범한 평가를 해보겠다고 마음먹었고, 그 내용을 적당히 정리까지 했으니 이제 실천만 하면 되겠습니다. 그런데 그게 쉽지 않은 겁니다. 그런 걸 해 본 적이 있어야 쉽게 할 텐데 난생 처음 시도하는 거니, 그저 막막하기만 했습니다. 며칠을 싸매고 궁리한 끝에 다음과 같은 평가 초안을 마련했습니다.

<2016학년도 1학기 덕소고등학교 2학년 윤리와 사상 평가계획 영역별 비율>

<table>
<tr><th rowspan="2">구분
(반영비율)</th><th colspan="3">평가영역</th><th rowspan="2">비율</th></tr>
<tr><th colspan="2">유형</th><th>배점</th></tr>
<tr><td rowspan="4">지필
평가
(40%)</td><td rowspan="2">1차</td><td>선택형</td><td>97점</td><td rowspan="2">20%</td></tr>
<tr><td>서·논술형</td><td>3점</td></tr>
<tr><td rowspan="2">2차</td><td>선택형</td><td>97점</td><td rowspan="2">20%</td></tr>
<tr><td>서·논술형</td><td>3점</td></tr>
<tr><td rowspan="2">수행
평가
(60%)</td><td colspan="2">비판적 사고력
(개인연구)</td><td>50점</td><td>30%</td></tr>
<tr><td colspan="2">배려와 나눔
(수업참여와 태도)</td><td>50점</td><td>30%</td></tr>
<tr><td colspan="4">총계</td><td>100%</td></tr>
</table>

<수행평가 중 비판적 사고력 세부 평가 항목>

<table>
<tr><th>영역</th><th>세부항목</th><th>배점
상/중/하</th></tr>
<tr><td rowspan="13">비판적 사고력
(개인연구)
(전체 평가 중 30%
반영, 영역 만점은
50점)</td><td>질문에 대한 보완 답변</td><td>2</td></tr>
<tr><td>질문에 대한 답변</td><td>2</td></tr>
<tr><td>질문</td><td>2</td></tr>
<tr><td>토의베스트3</td><td>2</td></tr>
<tr><td>토의주제 채택</td><td>1</td></tr>
<tr><td>토의주제 제출</td><td>2</td></tr>
<tr><td>연구물 발표</td><td>5/4/3</td></tr>
<tr><td>독후감제출</td><td>10/8/6</td></tr>
<tr><td>독서노트</td><td>1</td></tr>
<tr><td>주제연구</td><td>10/8/6</td></tr>
<tr><td>인물연구</td><td>10/8/6</td></tr>
<tr><td>논문(계획서)</td><td>20/19/18</td></tr>
</table>

〈수행평가 중 배려와 나눔 영역 세부 평가 항목〉

영역	세부항목	배점 (시행 횟수 당)
배려와 나눔(수업참여와 태도)	편지쓰기	5
	수업조교	5
	선물나눔	7
	교탁정리	1
	칠판닦음	1
	교과서 및 노트준비	1
	노트필기	1

표만 보시고는 무엇을 어떻게 했다는 건지 파악하시기 어려우시지요? 맞는 말씀입니다. 처음 하는 일이다 보니 기존 학교 양식을 사용하기도 어려워, 나름 새롭게 만들어 보았지만 이 표로 누군가에게 제가 하려는 것을 설명하기는 쉽지 않았습니다. 실제로 연구부 평가 담당 선생님께 저게 뭘 의미하는 건지 일일이 설명해야 했던 것은 물론이고요. 심지어는 지역교육청 장학사님하고도 여러 번 전화 통화를 해야만 했습니다.

저 표의 내용을 설명해보자면 이렇습니다. 첫째, 학생들의 자발적 참여를 위한 평가 시스템입니다. 학생들에게 평가란, 특히 수행평가란 '점수가 깎였다', '짜증난다', '선생님 이거 왜 깎으셨어요'라고 반응해야 하는 일로만 여겨지는 듯 했거든요. 남이 벌인 판에 억지로 끼워 맞추는 듯한... 그 안타까움을 해결해보고자 위에 나온 항목 하나 하나를 자율적으로 수행 할 때마다 점수를 채워가는 형태의 수행평가를 개발한 겁니다.

둘째는, 수행평가의 비율 확대입니다. 평가 비율 표에 나오는 평가가 크게 선다형 지필과 수행으로 나누어지는데 각각 40%, 60%입니다. 고등학교 2학년 윤리와 사상은 수능 과목으로서 여전히 인지 사고 능력을 중요하게 여기는 과목인데요. 조금 무모하다 싶은 정도로 늘려 보았습니다. 이제부터 시작이라는 마음으로 덤빈 거지요. 사실, 무조건 비율만 늘린다고 과정 중심 평가나, 학생 성장 평가가 되는 것은 아닙니다. 그러나 일단 첫 발을 떼자고 마음먹고 비율을 늘린 뒤, 보시는 것처럼 다양한 세부 항목을 집어넣어 보았습니다.

셋째는, 수업 중 활동을 평가하겠다는 다짐입니다. 비판적 사고력 영역에 보시면 질문, 질문에 대한 답변, 질문에 대한 보완 답변 등이 있습니다. 수업 중 질문을 유도하고 계속된 학생 상호 간의 답변을 유도하여 수업을 자연스러운 질의와 응답으로 채우고자 의도했습니다. 그런 식으로 수업 활동을 자연스럽게 평가에 연결하고자 했던 거지요.

그럼 한 한기 시행해 본 결과는 어땠을까요? 암울하게도, 학생들 표현으로 거의 '폭망' 수준 이었습니다. 일단, 처음 보는 시스템을 학생들이 몹시 낯설어 했습니다. 특히 자신의 수행 점수를 자기가 관리해서 쌓아가야 한다는 사실이 몇몇 학생들에게는 부담으로 다가왔던 것 같습니다. 둘째로는 수업 중 자연스러운 평가를 의도했는데 잘 되지 않았습니다. 수업 중 질의 응답을 통해 평가를 하려 했으나, 실제 질의 응답에 참여한 학생의 숫자는 소수에 불과했거든요.(학급별 10명 안팎 수준) 특히, 수업 자체가 언제 질문을 해야 하는지, 언제 토의를 해야 하는지 구조화되지 않은 탓에, 학생들이 질문 시점의 모호함 때문에 난처해하는 모습을 보였습니다. 셋째로는 학생들이 특정 활동에만 집중했다는 겁니다. 저는 학생들이 다양한 활동을 통해 성장하길 바랐는데, 학생들은 자신이 좋아하거나 잘하는 한 두 영역에만 집중해버려 평가 세부 요소를 많이 만들어 놓아도 큰 의미가 없었습니다. 또 다른 문제는 학생들이 이런 평가와 수업을 어떻게 느끼고 있는지 표정으로 혹은 지나가는 말로만 알 수 있었지, 체계화된 도구를 통해 확인한 것이 아니었다는 점입니다. 그저 '~하겠지, ~했을 거야' 식으로 막연한 추정에만 의존했던 거지요.

더불어, 평가에 대해 조금만 생각해보신 분이라면 다음과 같은 것들을 궁금해 하실 듯싶습니다. '무엇 때문에 평가 요소를 비판적 사고와 배려 및 나눔으로 설정했는지', '비판적 사고의 성장 단계로서 성취기준에 따른 상/중/하는 어떤 기준으로 나눌 것인지' 등 평가의 기본과 관련한 채점 기준 등 말이지요. 예, 그런 것들에 대한 설정역시, 저 때는 생각하지 못했습니다.

그나마 다행인건 새로운 시스템에 적응한 몇 몇 학생들이 평가방식을 공정하다고 평가해주었던 사건입니다. 일단 선생님이 평가하는 게 없고, 자기 것을 알아서 챙기면 되니 '손해 볼 것은 없다'라는 반응이었습니다.

2) 두 번째 실패[10]

위와 같은 초기 실패를 토대로 다음 학기에 한 번 더 시도한 내용은 다음과 같습니다. (포기하지 않고 또 시도한 게 신기할 뿐입니다.)

〈2016학년도 2학기 덕소고등학교 2학년 생활과 윤리 평가계획 영역별 비율〉

구분 (반영비율)	평가영역			비율
	유형		배점	
지필 평가 (40%)	1차	선택형	100점	20%
		서·논술형	0점	
	2차	선택형	100점	20%
		서·논술형	0점	
수행 평가 (60%)	비판적 사고력		20점	20%
	세계와 자아 성찰 능력		20점	20%
	배려와 나눔		20점	20%
총계				100%

〈수행평가 레벨 시스템〉

기본점수	레벨 1	레벨 2	레벨 3
모든 수업 참가자 영역별 시작점수 2점 부여	2-4점	5점-10점	11점 이상

10) 평가계획서는 부록에 첨부하였습니다.

1. 수행평가 각 항목에 대하여 학생 자율 시행 후 획득한 점수를 누적
2. 시작 가능레벨 : 자율 점수 취득 정도에 따라 1-3 레벨로 나뉘며 다음 표에 의거 상위 레벨로 상향, 특정 레벨에 도달해야 해당 과제 수행 가능
3. 4점, 10점 도달 시 레벨 상향 및 레벨 상향 점수 1점 부여

〈수행평가 중 비판적 사고력 세부 평가 항목〉

	항목	시작 가능레벨	배점 상/중/하
비판적사고력	조별 발표, 논술 등 기타 수업 활동	-	3/2/1
	질문에 대한 답변	0	1
	질문	0	1
	토의베스트3	0	1
	토의주제 채택	0	1
	토의주제 제출	0	1
	연구물 발표	3	5/4/3
	독후감	2	5/4/3
	독서노트	2	0.5
	주제연구	2	5/4/3
	인물연구	3	5/4/3
	논문	3	10/7/3

〈수행평가 중 세계와 자아 성찰 능력 세부 항목〉

	항목	시작 가능레벨	배점 상/중/하
세계와 자아 성찰 능력	조별 발표 등 기타 수업 활동	-	3/2/1
	전문 비평지 스크랩 및 소감쓰기	3	3/2/1

	일간지 스크랩 및 소감쓰기	3	3/2/1
	세계 관찰 일기	2	1
	가족 관찰 일기	1	1 (주 최대 2회)
	자아 성찰 일기	1	1 (주 최대 2회)

〈수행평가 중 배려와 나눔 세부 항목〉

	항목	시작 가능레벨	배점 상/중/하
배려와 나눔	조별 발표 등 기타수업활동	-	3/2/1
	편지쓰기 (최대 3회까지만 점수 부여)	3	3
	수업조교	-	3
	선물나눔 (최초 1회만 점수 부여)	2	3
	교탁정리	1 (1레벨만 가능)	0.5
	칠판닦음	1 (1레벨만 가능)	0.5
	교과서 및 노트준비	1	0.5
	노트필기	1	0.5

보시는 것처럼 지난 학기의 실패를 보완하기 위해 몇 가지 장치를 마련했습니다. 첫째로, 레벨 시스템을 두었습니다. 학생들이 특정 세부 항목에만 집중하는 경향을 보여, 이를 분산하고자 세부 항목별로 '시작 가능한 레벨'을 정하고, '특정 레벨만 시도할 수 있는 항목'을 구분하였습니다. 예를 들면 배려와 나눔 영역 중 '칠판 닦음'은 너도나도 하려 해서 점수가 낮은 학생들인 1레벨 학생들만 할 수 있도록 한 거지요. 또는 일간지 스크랩 등의 활동을 위해서는 다른 활동을 통해 레벨3에 도달해야 가능하도록 만들었습니다.

물론, 이 레벨 시스템은 위와 같은 의도 외에 스마트폰게임, PC게임 등을 좋아하는 학생들에게 친숙하게 다가가기 위한 의도도 있었습니다. 수행평가를 재미있게 해보라는, 하면서 성취를 느껴보라는 의도가 있었습니다. 학생들이 게임에 빠져드는 이유는 게임 내에 존재하는 정밀하게 설계된 '보상체계'이기 때문임을 알았기 때문입니다.11)

둘째로, 수행평가 각 항목별로 '조별발표 등 기타 수업 활동' 세부 항목을 추가 하였습니다. 첫 번째 실패 부분에서 썼듯이 '수업 중 과정으로서의 평가'가 생각보다 잘 진행되지 않았습니다. 질문과 토의만으로는 과정으로서의 평가가 어려웠기 때문입니다. 그래서 수업 중에 평가 시간을 별도로 넣었습니다. 특정 수업 주제를 학습하고 조별 활동 등으로 심화 학습 등을 하게 되는데, 이 과정을 학습 과정으로만 두려한 것이 아니라 평가 과정으로 넣으려 시도한 겁니다. 즉, 학습으로서의 평가에 좀 더 구체적으로 도전한 셈이지요. 다음 절인 '2절 비범한 평가를 위한 수업 준비'에서 좀 더 구체적

11) 이승환(2013), 「스마트 폰 학습 애플리케이션의 게임적 보상이 교육 효과에 미치는 영향」 홍익대학교 석사학위 논문. 29쪽

으로 설명하도록 하겠습니다.

셋째로, 수행평가 항목을 하나 더 늘렸습니다. 지난 학기의 '비판적 사고 / 배려와 나눔'과 더불어 '세계와 자아 성찰'을 더 넣은 거지요. 수업을 교사 측면에서 보면 교육 의도의 실현 과정일 텐데, 지난 학기 저는 제 수업을 통해 성찰을 중요한 가치로 담고 싶었거든요. 그래서 한 항목을 더 추가해 보았습니다. 그 밖에 첫 번째 실패 부분에서 언급된 '평가에 대한 반성 부재' 등을 보완하기 위해 위 표상에는 나오지 않지만, 학기말 수행평가에 대한 별도의 나눔 시간을 가졌습니다. 나눔 시간에 활용한 도구에 대해서는 3절에서 말씀 드리겠습니다.

자, 그럼 두 번째 시도한 비범한 평가는 성공했을까요? '성장 중심 / 과정형 / 학습자 참여형 / 점수를 얻어가는 평가 / 반성이 있는 평가'라는 그 비범한 평가 말입니다. 학생들의 평가 참가 소감을 몇 개 옮겨 써 보겠습니다.

〈학생들의 평가 참가 소감〉

좋았던 점	아쉬웠던 점
점수를 차차 쌓아가는 재미가 있다 수업한 걸 복습할 수 있다 참신한 제도여서 의욕이 생겨났다 평가가 다양했다 지금까지 체험하지 못한 수행평가였다 다른 과목과 달라서 신선했다 자발적으로 참여할 수 있어서 좋았다 참여도에 따라 점수가 나오니 공정하다 나에 대한 성찰의 기회가 있었다	레벨제의 기준이 모호했다 점수체계가 지나치게 복잡했다 수행평가로만 60점 채우기가 힘들었다 귀찮고, 관리가 어려웠다 점수 계산법이 어렵다 할 게 많았다 논문 쓰기 등은 쉽게 접근하기 어려웠다

부담되지 않는다 체계적이다	

첫 번째 실패 이후보다는 조금 더 안정화된 모습이 보입니다. 학생들도 평가를 통해 학습하게 되었다고 쓰기도 했고, 평가 자체에 대해 재미를 느끼는 학생들도 있었습니다. 더불어 점수를 깎는 구조가 아니다 보니 공정하다고 평가하는 학생들도 있었네요. 반면, 지나치게 복잡한 평가 체계, 자기 관리 능력 부족 시 겪게 되는 어려움, 지나치게 많은 평가량 등이 문제로 지적되었습니다.

세 번째 시도는...... 했, 을, 까, 요?

예, 했습니다.

3) 비범한 평가, 세 번째 이야기[12)]

두 번째 평가 이후, 학생들의 긍정적인 반응에 다소 힘을 얻었습니다. 7개 학급 약 280명의 학생들과 함께한 평가였는데요. 대부분의 학생들이 새로운 시도라며 긍정적으로 반응해 주어, 제게 큰 힘이 되었습니다. 더불어, 평가의 원래 취지였던 '과정형 평가 / 성장을 위한 평가'가 미약하지만 되고 있다는 생각에 계속해볼 용기를 낼 수 있었습니다.

그래도, 앞서 보신 것처럼 지나치게 복잡한 방식이 아쉬웠다고 반응한 학생들이 있어서 세 번째 평가는 조금 간소화한 형태로 진행하기로 마음먹었습니다.(세부 항목을 자율적으로 수행하면서 점수

12) 이 때 작성한 평가 계획서는 부록에 실었습니다. 〈2017학년 1학기 윤리와 사상 평가 계획서〉

를 쌓아가는 방식은 계속 유지하였습니다.)

〈2017학년도 1학기 덕소고등학교 2학년 윤리와 사상 평가계획 영역별 비율〉

구분 (반영비율)	평가영역			비율
	유형		배점	
지필 평가 (30%)	1차	선택형	100점	10%
		서·논술형	0점	
	2차	선택형	100점	20%
		서·논술형	0점	
수행 평가 (70%)	비판적 사고력		35점	35%
	배려적 사고력		35점	35%
총계				100%

일단은 평가 영역부터 봐주세요. 가장 먼저 말씀드리고 싶은 것은 수행평가의 반영 비율입니다. 무려 70%로 직전 학기보다 10% 상향하였습니다. 안정화된 수행평가에 대한 자신감이라고 해야 할까요? 중학교에 계신 선생님들께서는 수치에 큰 감흥이 없으실지 모르겠으나 고교 수능 과목 수행 70%는 이미 그것만으로도 큰 의미를 지닌다고 볼 수 있겠습니다. 대부분의 고등학교가 주지교과에선 30-40% 정도의 수행평가 비율을 유지하고 있기 때문입니다.[13]

13) 송미영 외(2016) 「수행평가 확대 실시에 따른 주요 쟁점과 과제」 한국교육과정평가원 연구자료 7쪽에 따르면 수행평가 비율 상향 정책 발표 이후, 3개 교육청을 제외하곤 고등학교의 경우, 어느 학교도 예체능 과목을 제외하곤 주지교과에서 수행

그리고 수행영역 역시 두 개로 간소화했습니다. 지나치게 복잡했던 레벨제도 폐기했습니다. 그리고 아래와 같이 세부 항목의 시행 시기, 예상 횟수 등을 조금 더 정교하게 다듬었습니다.

〈수행평가 중 비판적 사고력 세부 항목〉

수행영역	유형	항목	배점
비판적사고력	과정형	조별 발표, 논술 등 수업 중 활동 (3회 예정)	상/중/하 4/3/2
		토의 / 질문 베스트 10 (12회 예정)	1
		연구물 발표 (지정 학생만)	상/중/하 3/2/1
	과제형	독서노트 (매시간)	0.5
		논문계획서 인물, 주제 연구 보고서 독후감 (5월 31일까지, 횟수 제한 없음)	상/중/하 3/2/1
		논문 (횟수 제한 없음)	상/중/하 7/5/3

비율을 상향하지 않았습니다. 이 자료는 수행 비율 상향 정책 발표 이후 주요 10개 교육청에서 1개교씩 표집하여 수행평가 비율 변화를 연구한 자료입니다. 대부분의 고교가 주지교과의 경우 수행 비율을 30-40%로 정도로 운영하고 있습니다.

〈수행평가 중 배려적 사고력 세부 항목〉

수행영역	유형	항목	배점
배려적 사고력	과정형	조별 발표, 논술 등 수업 중 활동 (3회 예정)	상/중/하 4/3/2
		수업조교 (학급별 2인)	3
		선물나눔 (최초 1회만 점수 부여)	3
	과제형	편지쓰기 (최대 3회, 매번 다른 사람에게)	3
		교탁, 칠판 정리 (중간고사 이후 부터)	1
		노트필기 (6회 예정)	1
		수업준비 (매시간)	0.5

더불어, 수행평가 영역(비판적 사고, 배려적 사고) 외에 '과제형'과 '과정형'이라는 수행 유형을 설정하였습니다. 말 그대로 과정형은 수업 시간 중 진행되는 평가라는 뜻이고, 과제형은 수업 시간 외에 개인적으로 해내야 하는 유형을 뜻합니다. 좀 더 많은 양의 평가를 수업 중에 진행하겠다는 의지를 담아보았습니다.

이 평가에 참여한 학생들은 평가를 마친 후 어떻게 반응했을까요? 한 개 학급 40명의 소감을 중복되는 것을 제외하고 거의 그대로 옮겨 적었습니다.[14)]

〈학생들의 평가 참가 소감〉

좋았던 점	아쉬웠던 점
체계적으로 이루어져 있어 문제가 없었다	독후감을 쓰기 어려웠다
	점수 받기 힘들었다
깊이 생각할 수 있는 기회가 주어졌다	시간이 부족했다
마음을 표현할 기회가 있었다	마감일을 몰랐다
시험 부담이 줄었다	너무 복잡하고 이해가 어려웠다
점수를 얻을 수 있는 폭이 넓었다	예정없이 갑작스러웠다
수업 시간에 더욱 집중할 수 있었다	할 것이 너무 많았다
높은 비율이 맘에 들었다	자세한 공지가 없었다
노력한 만큼 정직하게 점수를 받았다	복잡해서 포기한 애들도 있었다
다양한 활동이 있었고 참여할 수 있었다	많은 시간이 요구된다
	글 잘 쓰는 애들에게 유리하다

14) 좀 더 전문적인 연구가 목적이었다면, 시행된 평가의 적절성, 만족도, 공정성, 타당도 등에 대해 학습자 집단 전체를 대상으로 리커트 척도 등을 이용해 분석 작업을 했을텐데요. 아쉽게도 이 책은 본격 학술서가 아니라는 핑계로 '이번 학기에 진행된 수행평가가 어땠나요?'라는 자유 서술식 문항으로 검사를 시행했습니다.

좋았던 점	아쉬웠던 점
활동이라 기억에 많이 남는다 신선하고 재미있었다 모둠끼리 함께할 수 있어서 좋았다 진정한 도덕 수업이 아닐까 생각했다 생각을 많이 할 수 있어서 좋았다 지루하지 않았다 친구들과 협력할 수 있었다 수업시간에 하다 보니 점수에 얽매이지 않고 즐길 수 있었다 열심히 한 만큼 나오니 뿌듯했다 사회적 이슈를 이야기 할 수 있었다 평소에 할 수 있었다 수업 참여도가 높아졌다 성실히 한 사람이 점수를 얻을 수 있어서 성취감이 있었다 선택할 수 있어서 좋았다 분야가 여러 가지였다 다른 과목과 차별화되었다 창의력을 키울 수 있었다 수업 주제가 끝날 때마다 해서 수업 내용이 더 잘 이해되었다 미리 준비하지 않아도 돼서 좋았다	논문은 시도조차 못했다 열심히 안 하면 점수가 안 나온다 점수가 짜다 어렵진 않지만 힘들다 발표 못하는 내겐 어려웠다 익숙하지 못해 우왕좌왕했다 생각을 많이 해야 했고 지식이 없어서 슬펐다 객관성이 떨어져 보인다 소극적인 학생들은 점수받기 어렵다 과제형의 경우 몰아쳐하게 되었다 비율이 너무 높다 엄청 성실하지 않으면 만점 받기는 어렵다

좋았다고 반응한 점을 유형별로 다음과 같이 정리해 보았습니다.

〈긍정적 반응에 대한 분석〉

구분	내용
평가 목적 및 효과 측면	성찰 기회 및 창의성 발현 공정성 및 성취감
평가 시기 및 방법 측면	평가 방식의 다양성과 체계성 수업 내용과의 자연스러운 연계
기타	학습자의 참여와 학급 구성원간의 협력 평가에 대한 부담 완화

중복 응답을 모두 기록하지 않았기에 표상의 반응 내용만으로 속단하기는 어렵지만, 학생들이 가장 많이 언급한 것은 '새로움과 다양함'이었습니다. 더불어 '수업 내용에 대한 깊이 있는 이해'를 꼽은 학생도 많았고요. 또한 크게 의도하지 않았던 '구성원 간 협력이나 평가 부담 완화'에 대한 언급도 적잖이 있었습니다. 심지어 '성찰과 창의'까지 언급한 학생들도 있었습니다.

앞서 비범한 평가를 '성장 중심 / 과정형 / 학습자 참여형 / 점수를 얻어가는 / 성찰이 있는' 평가로 정리해 보았습니다. 성장을 확인하기는 쉽지 않지만 과정형, 참여형 평가 측면에서는 꽤 성공적이었다고 생각하지 않을 수 없습니다.

더불어 제가 치밀하게 설계하지 않았던 '협력이나 창의', '평가 및 학습 부담 완화' 까지 언급한 것을 보면, 비범한 평가의 개념을 협력과 창의, 접근이 쉬운 평가 등의 요소까지 함께 넣어 고려해야 할 듯싶습니다.

그리고 아쉬웠던 부분에서도 몇 가지 눈여겨 볼 점이 있습니다. 선다형 지필평가 문항 개발 및 고사 시행 시 늘 요구되는 출제 유의 사항들이지요. '적절한 고사 정보 안내, 적절한 시간 제공, 종교 / 거주지역 등 특정 배경에 의한 유리한 반응 회피' 및 '채점 기준의 명확성 및 공정성' 등의 문제입니다. 도대체 '언제 수행평가를 실시하는지', '특정 능력이나 배경을 지닌 학생에게 지나치게 유리하거나 불리한 것은 아닌지', '주어진 활동 시간 중에 해낼 수 있는 분량인지', '명확한 채점 기준을 제시하고 있는지' 등의 요소를 더욱 깊이 고려해야 되겠습니다. 학생들이 지적했던 것들은 바로 위와 같은 평가의 기본 요소에 해당하는 것들이었기 때문입니다.

4) 좋은 평가, 나쁜 평가

아무튼 저는 비범한 평가라고 얼렁뚱땅 이름 붙인 세 번의 실험적 평가를 통해서 '좋은 평가'와 '나쁜 평가'에 대한 실천적 경험을 갖게 되었습니다. 제가 얻은 경험을 다음과 같이 표로 정리해 보았습니다.

〈좋은 평가와 나쁜 평가〉

좋은 평가	나쁜 평가
성장이 일어나는 평가	순위만을 확인하는 평가
다양한 방식의 평가	획일적인 방식의 평가
여러 번의 기회가 있는 평가	한 번의 기회만 있는 평가
학습내용을 심화시키는 평가	학습의 결과만을 확인하는 평가
학습자가 참여하고 주도하는 평가	학습자가 소외되는 평가
동료와의 협력이 있는 평가	혼자만 하는 평가
부담이 적고 즐거운 평가	부담만 많고 재미없는 평가
성찰이 일어나는 평가	그냥 참여하는 평가
창의성을 자극하는 평가	외운 것을 토해내기만 하는 평가
평가 방법/시기/기준에 대한 구체적 안내가 있는 평가	평가 방법/시기/기준에 대한 안내가 없거나 적은 평가

2. 비범한 평가를 위한 수업 설계

1) 수업 구조의 모듈화

저는 '좋은 평가를 위해서 수업을 바꾸어야 한다.'[15]라는 말을 잘 이해하지 못했습니다. 그동안 수업은 수업이고, 평가는 평가였던 거지요. 그런데 앞서 말씀드린 '첫 번째 실패' 경험을 통해서 과정형의 평가를 해내려면 막연하게 평가 세부 항목에만 넣는다고 될 일이 아님을 알게 되었습니다. 수업 행위 중에 평가 행위가 일어나도록 '좀 더 구체적으로' 수업을 구조화할 필요가 있었던 겁니다. 1절에서 언급하지 못했던 수업 설계를 지금 밝히는 이유입니다.

그런데 익숙하지 않다보니 평가를 수업 과정 중에 넣는다는 게 쉽지 않았습니다. 그래서 수업을 주제별로 운영하기로 하고 주제 학습 후에 평가를 하기로 하였습니다. 주제별로 4차시 정도로 학습하는 걸로 계획하고, 3차시까지 개념을 익힌 후, 특별한 경우를 제외하고는 마지막 차시인 4차시에 수업 내용을 심화시킬 수 있는 평가를 해보기로 하였습니다.

더불어 첫 실패 때 말씀드린 '질문과 토의 시간'도 평가로 넣고 싶었기에 이것 역시 별도의 차시로 편성하였습니다. 그래서 다음과

15) 김덕년(2017) 『교육과정-수업-평가-기록』 에듀니티 24쪽 / 이 책 이외에도 '교육과정, 수업, 평가, 기록의 일체화'를 부르짖는 흐름이 최근 크게 일어나고 있습니다. 줄여서 '교수평기'라고들 하시던데, 역시나 학문적 개념은 아닌 것으로 알고 있습니다. 굳이 학문적 개념을 들먹여 보자면 평가 계획에 따른 교육과정 및 수업 구성을 뜻하는 '백워드 설계'를 들 수 있을 듯 싶습니다.

같이 모듈형으로 수업 차시를 구조화했습니다. 1차시/2차시 - 텍스트 읽고 질문하며 토의하기, 3차시 - 강의, 4차시 - 평가.

〈과정 평가를 위한 모듈형 수업 구조〉

1차시	2차시	3차시	4차시
텍스트 읽고 토의주제 만들기	토의하기	강의	수행평가

2016년 2학기, 두 번째 실패 시기에는 주제에 따라 차시를 증감하기도 하였습니다. 2017년 1학기 세 번째 도전 때에는 이것 역시 안정화되어 매 주제를 4차시로 정확히 끊어서 운영하였습니다. 여전히 강의에 대한 부담이 있었기 때문에 두 번째 실패 시기에는 저도 모르게 강의가 늘어나는 주제가 있었던 거지요. 이를테면 수능에 자주 출제되는 생태 윤리나 정의 윤리 부분을 다룰 때 등입니다. 세 번째 도전기(期) 때는 자신감이 생겨서인지 아무리 중요하다고 여기는 주제라도, 한 시간 강의만 준비하였습니다. 제가 행하는 수업보다는 한 시간이라도 학생들에게 기회를 더 주려고 했던 거지요.[16]

16) 강의가 무조건 나쁘다는 뜻은 절대 아닙니다. 아무래도 강의는 교수자 역할이 크기에 드리는 말씀일 뿐입니다.

2) 수업 주제의 선정

전술했듯이 저는 실패를 통해 평가와 수업이 긴밀하게 연관되어 있다는 걸 어렴풋이 알게 되었습니다. 그런데 그 뿐이 아니었습니다. 더 큰 문제는 수업 주제 선정에 관한 거였습니다. 한 차시 수업에 앞서 무엇에 대해 수업할지부터 막막했던 겁니다. 즉 교육과정을 짜는 일인거지요. 제가 교육과정 전문가가 아니었기에, 혼자 끙끙거릴 게 아니라 학습 주체인 '학생'들과 이 문제를 함께 풀어보기로 했습니다. 앞서 프레네 이야기 했던 것 기억하시나요? '학습자의 자발적 참여가 더 나은 성취를 만든다는…….' 그래서 그냥 학생들에게 툭 던졌습니다. 뭘 배우고 싶은지 이야기해보라고 말입니다.

학생들을 조별로 앉혀놓고 한 명씩 돌아가면서 이번 학기 윤리 시간에 무엇을 공부했으면 좋겠는지, 교과서를 보면서 이야기해보자고 한 겁니다. 물론 그냥 던지면 참여할 학생들이 별로 없을 거라 판단했기에, 약간의 장치를 마련했습니다. 협동학습 연구회에서 주로 사용하시는 아이스브레이킹 프로그램으로서 '좋아하는 것' 말하기 활동17)을 적용 한 겁니다. 학기 첫 시간이니 돌아가며 좋아하는 것 들을 실컷 말해 웃고 떠들게 하고, 연이어 같은 방식으로 '배우고 싶은 것 말하기'를 한 겁니다. 다음 사진은 배우고 싶은 것 말하기 활동 결과물 사진입니다.

---

17) 좋아하는 것 말하기 활동 방법 : 1번 학생이 좋아하는 것을 말하고 조별 학습지에 기록 → 나머지 조원들도 그것을 좋아한다면 손을 들어 표시하고, 전체 좋아하는 학생의 숫자를 학습지에 기록 → 돌아가며 전체 반복 → 가장 많은 숫자를 얻은 '좋아하는 것'을 조 이름 등으로 활용

〈2016학년도 2학기 생활과 윤리 ‘배우고 싶은 것 말하기’ 활동 결과물〉

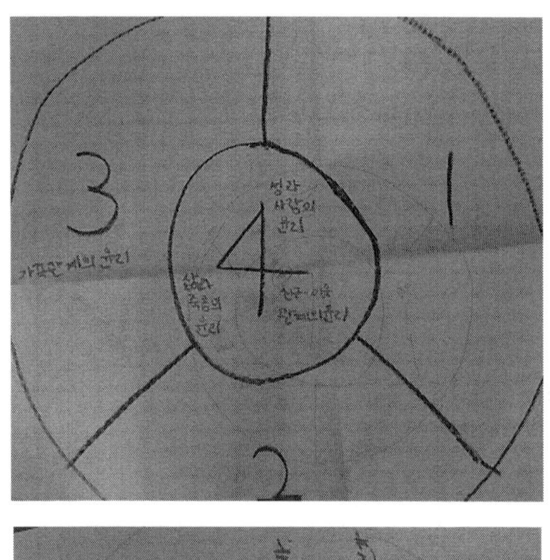

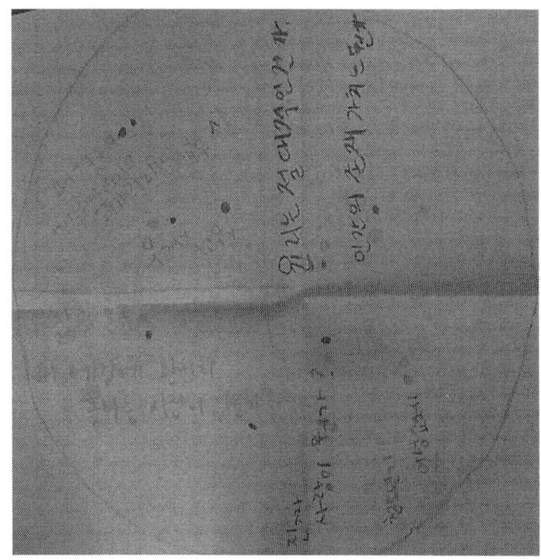

이 활동을 이후엔 가장 많이 나온 학습 주제를 중심으로 세부 학습 내용과 학습 방법 그리고 주제에 적합한 평가 방법까지 적어보게 했습니다. 덧붙여서 '어떤 주제를 먼저 학습하는 것이 좋겠는지', '더 넣어야 할 주제는 무엇인지' 등 교사들이 교육과정 재구성 시 고려해야 할 요소들을 안내하였습니다. 그러니까 이른바 교육과정 재구성을 '제가 한 게 아니고' 학생들에게 재구성의 기회를 준 거지요. 끝으로 학생들이 꾸민 학습과정 전체에 이름을 붙여보도록 했습니다. 무엇을 위한 한 학기 학습인지 목표를 정해주기 위해서요.

〈2016학년도 2학기 생활과 윤리 '배우고 싶은 것 말하기' 활동 결과물 1〉

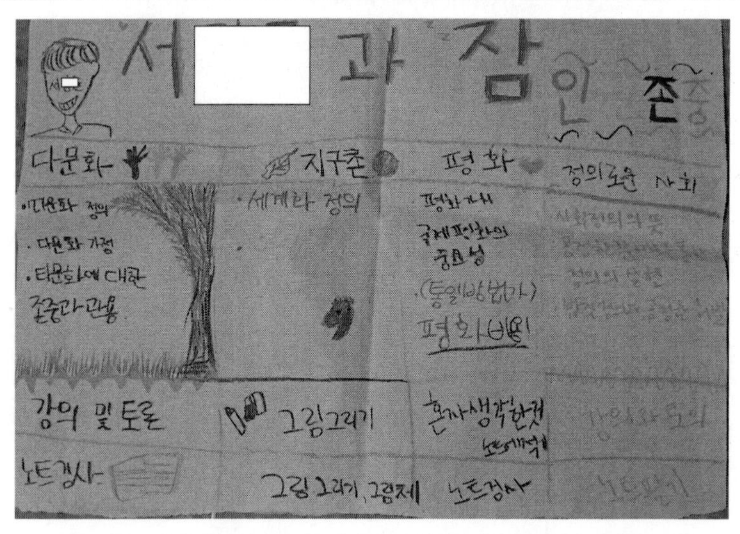

〈2016학년도 2학기 생활과 윤리 '배우고 싶은 것 말하기' 활동 결과물 2〉

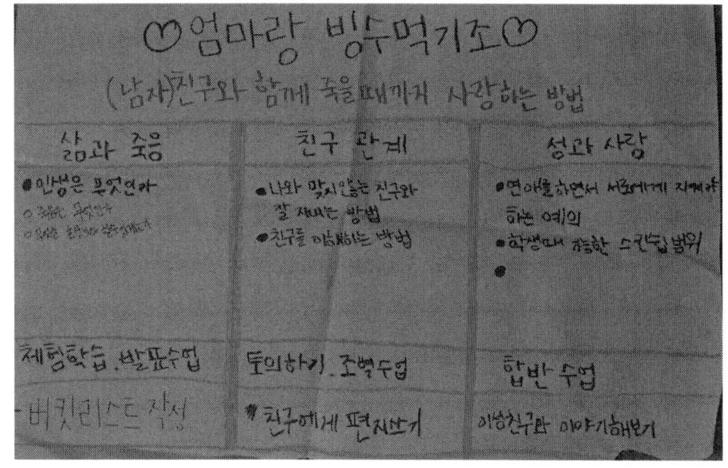

〈2017학년도 1학기 윤리와 사상 '배우고 싶은 것 말하기' 활동 결과물 1〉

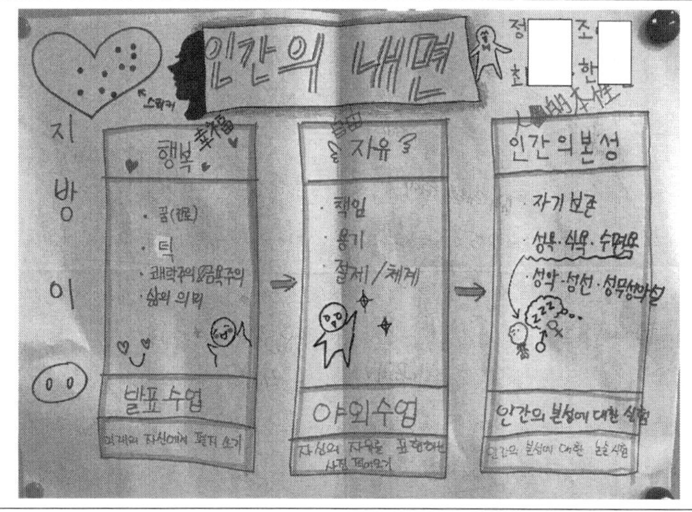

〈2017학년도 1학기 윤리와 사상 '배우고 싶은 것 말하기' 활동 결과물 2〉

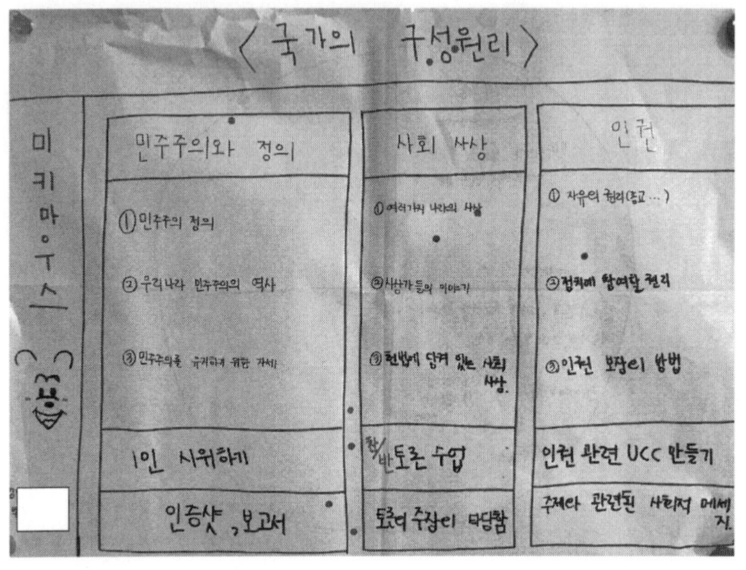

첫 번째 실패기였던 2016학년도 1학기에는 당연히 이런 방식은 생각조차 못했습니다. 하지만 두 번째 실패기였던 2016학년도 2학기부터는 위와 같이 조별 활동 후 전체 발표 형식으로 활동 결과까지 공유했습니다. 2017학년도 1학기에는 아예 갤러리워크 방식을 적용해서 결과물을 학급 벽에 붙여 놓고 자연스럽게 결과를 확인방식으로 까지 진화했지요. 학생 결과물 위에 붙어있는 스티커들은 갤러리 워킹하며 학생들이 직접 붙인 보상스티커입니다.

이 자료들을 모두 모아 (그리고 교무실에 홀로 조용히 앉아) 학습 주제 / 수업방식 / 평가방식을 종합하면, 자연스럽게 한 학기 교육과정 재구성 결과물을 얻을 수 있었습니다. '날로 먹었다'고 하면 좀 품위 없어 보이지만, 저는 능력자가 아닌 '평범한 교사'니까요. 학생들의 욕구에 제 생각을 조금 덧붙여서 다음과 같이 학기 수업 주제를 구성하였습니다.

〈2016학년도 2학기 윤리와 사상 수업 주제〉

순서	수업 주제	수행 평가
1	생명과 윤리	인스턴트 크로키 글쓰기 - '생명과 나'
2	성과 윤리	이성 친구 인터뷰 및 결과 발표
3	정의와 윤리	청와대가 실신청년에게 보내는 편지문 쓰기
4	세계와 평화	적극적 평화 실현을 위해 우리반이 할 일(순위맞추기 게임)
5	소수자와 인권	인권포스터 & 인권 상황극 만들기
6	생태와 윤리	'동물-식물-생태'와의 비폭력 대화

〈2017학년도 1학기 윤리와 사상 수업 주제〉

순서	수업 주제	수행 평가
0	수업 주제 편성 및 수행평가 선정	갤러리 워킹으로 살펴보는 우리가 만든 수업 계획
1	인간다움과 나다움	나다움, 우리다움 그려보기
2	고대 동양의 세계관과 인간관 (유가,도가 윤리)	노자와 공자 - 선거 포스터 만들기
3	불교의 세계관관과 인간관 (불교윤리)	인연생기 게임
4	개인의 행복과 사회 행복의 조화 (공리주의)	공리주의 스피드 게임
5	분배 정의 (존 롤즈의 공정으로서의 정의)	실신청년에게 보내는 청와대의 편지
6	수업 평가	성찰지 기록하고 발표하기

수업 주제 선정 역시도 시도 횟수가 거듭될수록 정교화, 안정화되는 모습이 조금씩 나타나는 듯합니다. 더불어 2017년 2학기에는 수행 평가와 수업의 연계성이 좀 더 짙어지기 시작했다는 것이 좋은 변화라 하겠습니다. 평가를 통한 학습이 조금씩 이뤄지기 시작한 거지요. 그런데 아쉽게도 2016년 2학기와 2017년 1학기의 수업 주제와 평가가 겹치는 부분이 있습니다. 전년도 시행했던 내용인데, 효과가 좋아서 조금 더 다듬어서 한 번 더 시도했다고 봐주시면 좋겠습니다.

3. 비범한 평가 기록

1) 기록하는 이유?

비범한 평가를 평범한 평가와 비교하면서 그 차이점으로 '성장 과정'에 대한 기록을 꼽았습니다. 평범한 평가가 평가의 결과, 즉 '몇 번째 서열이냐'만을 기록한다면, 비범한 평가는 '어떤 능력이 어떤 과정을 거쳐 얼마나 성장이 일어났는지' 기록해야 한다는 뜻인거지요. 기록의 이유가 '생기부' 작성 지침의 요구사항이기도 하고, 상급교 진학 자료 생성 때문이기도 하겠지만, 기록의 진짜 이유는 '성장에 대한 촉진 및 안내'라 볼 수 있겠습니다.

이 기록과 관련하여서는 초등 교육이 중등보다 체계화되어 있다고 보입니다. 특히 교육 결과의 '통지'와 관련하여 구체적인 지침까지 마련한 상태로 보입니다. 예를 들면 아래와 같습니다.

〈초등 평가 통지 관련 논의 사항〉18)

1. 평가 통지문에 어린이가 도달한 성취 기준과 발달 정도를 기술하여 안내한다.
2. 평가 결과는 단정적인 것보다 잠재력에 중점을 두어 안내한다.
3. 어린이의 행동을 지나치게 꼼꼼히 서술하기보다는 성장과 발달의 관점에서 서술한다.
4. 관찰의 기준은 학습 준비성, 협력성, 수업 참여도, 자발성, 과제 해결력, 이해

18) 김해경 외(2016) 『성장과 발달을 돕는 초등 평가 혁신』 맘에드림 164쪽에 '통지 관련 논의 과제'로 언급되고 있습니다. 앞으로 이렇게 해야 하겠다는 뜻이겠지요.

력, 표현력, 종합력 등으로 하되 어린이에게 두드러지게 나타나는 점을 기술한다.

5. 학년별, 급별 특성에 맞는 성적 통지 양식을 학교 자체에서 개발한다. 평가 통지 양식은 어린이의 성장과 발달을 위한 자료이다. 따라서 교사에게 업무 부담이 과중되는 문서 작업은 지양한다.

2) 기록을 위한 준비

그런데 이런 기록을 위해서 수업 중에 학생들의 모습을 일일이 관찰하고, 기억(기록)하는 것은 쉬운 일이 아닙니다. 그래서 저는 학생들의 도움을 받았습니다. 두 가지 도움을 받았습니다. 첫 째는 반별 '윤리 반장'으로부터 받은 개인별 수업 참여 내용이고요. 두 번째는 한 학기 수업 참가 소감이 담긴 자기 평가서[19]입니다. 개인별 수업 참여 내용은 수업 중의 발표와 질문, 각종 창작 활동에 대한 참여 등이 수업 날짜별로 기록되어 있고요. 수업 참가 소감문에는 수업을 통해 익힌 내용, 변화된 자신의 모습이 기록되어 있습니다.

다음 사진은 어떤 학생의 수업 중 개인 활동 내용에 대한 기록입니다. 반별로 윤리반장을 두 명씩 세우고, 한 명당 반 친구들을 20 가량씩 맡아 매 수업 시간의 학습 활동을 기록하게 하였습니다.

19) 부록에 실었습니다.

〈2016학년도 2학기 생활과 윤리 '수업 활동 개인별 기록'〉

<생활과 윤리 수업 개인 활동 기록지>

9 반 26 번 이름

월 일	수업주제	발표/활동 내용

학기말에는 '수업 성찰'이라는 이름으로 한 학기 수업을 통해 배운 것을 다시 한 번 확인하면서 성장과 변화를 정리하는 시간을 만들었습니다. 다음 사진은 그때 활용한 학습지 사진입니다.[20]

20) 부록1에 실었습니다.

〈2016학년도 2학기 생활과 윤리 '수업 성찰 학습지' 앞면〉

■ 한 학기 나의 윤리 수업을 돌아본다.[앞면]

반

윤리 수업에 열심히 참여해 주어서 고맙습니다. 윤리 수업을 기다려주는 것이 느껴져서 선생님은 참 행복했습니다. 여러분의 성장과 성숙을 위한 수업이었는데, 여러분이 얼마나 변화했는지 궁금하네요. 자 찬찬히 살펴볼까요?

주제	제목	수행평가
0	수업 주제 안내 및 수행평가 선택	
1	생명과 윤리	인스턴트 크로키 글쓰기 - '생명과 나'
2	성과 윤리	이성친구 인터뷰 및 결과 발표
3	정의와 윤리	정의[illegible] 실천가에게 보내는 편지글 쓰기
4	세계와 평화	적극적 평화 실현을 위해 우리반이 할 일(순위매기기 게임)
5	소수자의 인권	인권포스터 & 인권 생활규[illegible] 만들기
6	생태와 윤리	'동물-식물-생태'[illegible]의 이해와 대책

[나]

1. 나는 윤리 수업에 적극적으로 참여했다.

매우 그렇다	그렇다	보통이다	그렇지 않다	매우 그렇지 않다

2. 나는 윤리 수업에 친구들과 협동하기 위해 힘썼다.

매우 그렇다	그렇다	보통이다	그렇지 않다	매우 그렇지 않다

3. 나는 윤리 수업에서 배운 것들을 익히고 실천하기 위해 힘썼다.

매우 그렇다	그렇다	보통이다	그렇지 않다	매우 그렇지 않다

4. 한 학기 윤리 수업을 통해 배우고 익힌 것들을 생각나는 대로 써 보세요.

성적소수자의 사정, 롤스의 정의론, 생태중심주의, 동물중심주의, 구조적 폭력, 소극적 폭력, 적극적 평화, 양성평등, 이성친구 인터뷰하기

5. 윤리 시간 생각해 본 것들, 질문했던 것들, 궁금했던 것들을 생각나는 대로 써보세요.

성적소수자는 자연발생이다 하는가 [illegible]

6. 한 학기 윤리 수업을 통해 '내 삶에 일어난 긍정적 변화'가 있다면 써보세요.(성장&성숙 - 어떤 능력이 생겼다거나, 몰랐던 것을 알게 되었다거나, 할 수 없던 것을 할 수 있게 되었거나, 안 하던 것을 시작했다던지. 아무튼 작더라도 자신에게 일어난 긍정적 변화에 대해)

일기를 [illegible] 쓰고 있었는데, 좀더 자주 쓰게 되었다

성소수자에 대한 글을 써봄으로써 그들을 이해하려고 노력하였고, 나의 [illegible] 주체적으로 해볼수 있는 시간을 가졌다

7. 수업에 참여한 '자신의' 모습 중에 아쉬웠던 것들을 써보세요. (~했다면 좋았을텐데, ~을 더 해볼 걸, ~은 하지 말았어야 하는데 등)

좀더 질문거리를 생각해볼껄 하는 아쉬움?

[우리]

8. 윤리 시간을 통해 새롭게 알게 된 친구가 있다면? 또는 원래 알던 친구인데 새롭게 알게 된 친구의 모습이 있다면 써주세요.

- 내가 생각했던 것보다 훨씬 다양한 생각들을 가지고 있었다. (다양한 시각으로 세상을 보고 [illegible])

9. 나와 친구들의 성장이 일어나는 윤리 시간을 위해 앞으로 우리 반 또는 내가 해야 할 일이 있다면 무엇일까요?

경청하는 모습 보이기.

[선생님&수행평가]

10. 수업을 이끌어가는 선생님의 좋았던 모습과 아쉬웠던 모습을 각각 써주세요.

좋았던 점	아쉬웠던 점
설명을 쉽게 해주시려 하셨던 것?	토론하는 시간이나 수행하는 시간이 너무 짧았다.

네...

11. 수행평가가 참 어려웠죠? 수행평가의 좋았던 점과 아쉬웠던 점을 각각 써주세요.

좋았던 점	아쉬웠던 점
한계 뛰어넘기? (미숙한 것들 반성하고, 내 감정들을 알게 되었다.)	기간 끝까지 촉박했던 것이 아쉽다. 아쉽네

12. 김수길 선생님, 또 우리 2반과 함께한 윤리 수업을 한 마디로 써 본다면?

생각할 수 있는 시간.

13. 윤리 수업에 참여한 자신의 모습을 한 마디로 써 본다면?

자신감부족 !!

3) 기록의 실제

위의 자료와 저의 관찰을 토대로 학생들의 성장에 대해 기록하려고 시도하였고요. 다음은 그 시도 사례입니다. 2016년 수업했던 7개 학급 중 남학생 한 반, 여학생 한 반 약 80명에 대한 기록 사례입니다.

〈남학생 반 기록 사례〉

번호	이름	생활기록부 기록 내용
1	강00	한 학기 윤리 수업을 본질에 대한 탐구였다고 술회할 만큼 현상 너머 세계에 대한 깊은 관심을 보여 줌. 판단 능력이 없는 상태에서의 행위도 비난받아야 하는가에 대한 토의 시 정신박약자 등 유소아 이외의 판단 능력 부재자를 열거하였고, 이상사회에 대한 토의 시에는 철학자들의 이상사회 안에 대해 평가하고 묻기도 하였으며, 동양 윤리에 대한 토의 시는 선은 일종의 포용적 태도일 뿐이라고 주장하는 등 매 토의 시 마다 열정적으로 참여하여 급우들의 추상 사고 능력 향상에 크게 기여하였음. 불교 윤리 시간에는 제법무아라는 제목으로 콜라주 작품을 만들어 우수작에 선정되었고, 좋으신 하나님이라는 곡을 핑거스타일로 연주하여 급우들에게 선물하는 등 추상 세계를 다루는 윤리 수업 전반에 폭넓게 참여하여 이 학생의 비판적, 추상적 사고 능력 향상을 목격할 수 있었음. 기독교를 종교로 가지고 있는 학습자인데 다른 종교와 사상에 대해서도 관심을 갖는 등 수용적인 태도를 보여주어 배려적 사고 역시 향상된 것으로 평가 할 수 있음. 논리, 철학, 종교 등 초월과 본질에 대해 다루는 인문 분야에 종사한다면 큰 성과를 보일 것으로 기대 됨.
2	고00	발표를 많이 하지 못한 것에 대해 아쉬워하며, 다음 학기에는 적극적으로 참여하기로 약속함. 불교 윤리 평가 시 ‘리버스’라는 제목

번호	이름	생활기록부 기록 내용
		의 콜라주 작품을 제출함.
3	구00	공리주의에 관심을 보임.
4	김00	윤리 수업을 통해 사람마다 가지고 있는 독특한 성격을 인정하게 되어 싫어하는 사람이 없어졌다고 술회하는 등 배려적 사고 능력의 향상을 볼 수 있었음.
5	김00	윤리 수업을 즐김의 시간이었다고 자평할 정도로 즐겁게 수업에 참여하였고, 불교 윤리에 대한 이해가 남다른 모습을 보임.
6	김00	집착을 주제로 한 콜라주 작품을 제출하여 불교 윤리에 대한 급우들의 이해 향상에 기여함.
7	김00	왕성한 발표력을 토대로 토의 수업에 열정적으로 참여하여 급우들의 윤리적 사고력 향상에 매우 크게 기여함. 공산주의 실패 원인 분석에 대한 토의 시 실패가 아닌 자유와 평등의 결합으로 인한 수정자본주의 형성에 대한 기여 내지는 과정으로 보아야 한다는 관점을 제시하여 급우들에게 새로운 이해의 틀을 제공하였고, 리버스라는 제목의 불교윤리를 주제로 한 콜라주 작품 제작에 주도적으로 참여함.
8	김00	윤리 수업을 '꿀잼'이라고 자평할 정도로 수업에 열정적으로 참여하였고, 매 토의 시 마다 발언 내용에 관계없이 빠짐없이 의견을 개진하여 급우들에게 발표는 누구나 할 수 있는 일이라는 긍정적이고, 적극적인 학습 태도를 심어 줌. 인간의 본질에 관한 토의 시 동물도 상하관계가 있는데, 그렇다면 동물도 정치적 존재인가라고 물었고, 판단 능력 부재자 행위에 대한 윤리성 검토에 대한 토의 시 그들은 일단 약자이므로 판단에 앞서 위로가 필요하다고 지적하는 등 한 학기 동안 비판적, 배려적 사고의 향상을 목격할 수 있었음. 집착을 제목으로 하는 불교 윤리 콜라주 작품 발표에 주도적으로 참여함.
9	김00	고통을 제목으로 하는 불교 윤리 콜라주 표현에 즐겁게 참여함. 중세 유럽이 근대화 하는 과정의 윤리성에 관심을 가져 자본주의의 형성과정 및 칼뱅의 사상이 사회변화에 미친 영향 등을 정리한 보

번호	이름	생활기록부 기록 내용
		고서를 제출함
10	김00	친구들을 판단의 대상이 아닌 이해의 대상으로 보게 되었다고 술회할 정도로 배려적 사고가 크게 향상 됨. 불교 윤리에 관심이 많아 불교에 대한 토의 시 변화가 왜 고통인가라는 질문을 던져 급우들의 불교 이해에 긍정적 영향을 끼쳤고, 물음표에서 느낌표라는 제목의 불교 윤리 표현 콜라주 작품을 제출함.
11	김00	공산사회가 성공한 사회인지, 미도래 사회인지 궁금히 여기게 되는 등 비판적 사고 능력의 향상을 볼 수 있었음.
12	김00	삶과 죽음의 순환이라는 제목의 불교 윤리 표현물을 제작 발표 하는 등 불교 윤리에 대한 관심이 깊어짐.
13	김00	수업 조교로 일하며 급우들의 발표 내용을 꼼꼼히 기록하여 학습 공동체의 공동 성장에 기여하였고, 수업에도 적극적이어 토의 주제 제출 및 의견 개진에 빠짐없이 참여하였음. 이상 사회에 대한 토의 시 공산사회 실패의 원인을 물었고, 불교에 대한 학습 시는 불교에서 말하는 주체성에 대하여 비판적으로 검토해야 한다는 의견을 제출하는 등 비판적 사고력의 성장을 보여 줌. 집착을 주제로 하는 불교 윤리 콜라주물 제작에 주도적으로 참여함. 또한 마이클 샌델의 정의란 무엇인가를 읽고 사회 정의에 대해 숙고하는 내용의 독후감을 제출하였으며, 동서양의 죽음에 대한 관점을 비교하는 소논문 작성 계획서를 제출하기도 함.
14	남00	학기 수업 분위기가 화목했다고 자평할 만큼 배려적 사고가 성장하는 모습을 보여주었고, 부모와의 대화 시 아리스토텔레스 이야기를 예시를 들었다고 진술하는 등 고대 서양 윤리에 대한 관심을 표현함.
15	노00	적극적으로 토의 수업에 참여하는 등 비판적 사고력 향상을 위한 노력이 돋보임. 판단능력 부재자 행위의 윤리성에 대한 토의 시 '양심은 선험적 가치가 아닌 사회적 약속이다.' 라는 주장으로 급우들의 비판적 사고력 신장에 기여함.
16	노00	타인의 이야기를 경청하는 습관이 잘 배어 있어 급우들이 편안하

번호	이름	생활기록부 기록 내용
		게 발표할 수 있는 환경 조성에 기여함. 배려와 나눔 등의 도덕적 성품에 대한 희구가 생겼다고 고백할 정도로 배려적 사고력 향상이 주목할 만함. 불교에 대한 토의 시 '이타적인 삶이 이상적인 삶인가'라고 묻는 등 토의에도 적극적으로 참여함.
17	명00	한 학기 학습을 통해 '사소한 것들에도 생명력이 있다'는 것에 대해 깨달았다고 할 정도로 성찰적 사고력이 향상됨.
18	박00	윤리적 삶의 핵심이 '타인에 대한 있는 그대로의 수용과 이해'에 있음을 어렴풋이 깨달은 모습을 보임.
19	송00	윤리 수업이 독서 하는 삶으로 이끌었다고 고백할 만큼 사고력 향상의 단초가 보임. 급우들의 견해를 적극적으로 경청하는 모습이 인상적인 학생임.
20	안00	사사로운 일도 최선을 다해야겠다고 다짐하는 등 윤리적 사고 형성의 단초가 보임. 삶과 죽음의 순환에 관한 발표물 제작에 참여함.
21	윤00	왕성한 사고력을 바탕으로 도덕, 질서, 사회 등 다방면의 윤리적 영역에 관심을 표함. 특히 권위 및 질서에 대한 맹종에 경계해야 함을 지적하며 '데오스 엑스 마키나'라는 신과 초월로 마무리하는 비합리적 문제 해결 방식에 대해 비판하는 내용의 특별 발표를 급우들에게 제공하여, 학급 구성원의 비판적 사고력 향상에 결정적으로 영향을 끼침. 공산주의에 대한 토의 시 완전한 공산사회의 미도래를 독재자 차원에서 분석 발표하였고, 동양 윤리 토의시에도 선과 악을 각각 선과 악으로 규정할 수 있는 근거에 대하여 의문을 제기하는 등 비판적 사고력의 괄목할만한 성장을 볼 수 있었음. 주관이 뚜렷하고 주장과 근거 사이의 논리적 상관관계를 찾는 능력 및 창의적 근거 제시 능력이 돋보이며, 타인의 생각과 견해에 대해 넉넉히 수용할 수 있는 배려적 사고가 갖춰진다면 미래 사회가 필요로 하는 재원으로 성장할 수 있을 것으로 기대 됨.
22	이00	이상사회에 대한 토의 시 '이상사회 실현이 현실적으로 가능한가'라고 물었고, 불교에 대한 토의 시 '현실이 정녕 고통일 뿐인가'라고 묻는 등 비판적 사고 능력의 향상을 볼 수 있었음

번호	이름	생활기록부 기록 내용
23	이00	역사, 정치, 사회 등에 관한 폭넓은 스키마를 바탕으로 다양한 관점의 의견을 제시하여 학습 공동체의 비판적 사고력 향상에 매우 크게 기여함. 동서양 윤리, 분야를 막론하고 모든 토의에 빠짐없이 참여하는 등 수업에 대한 열정을 확인할 수 있었고, 공산사회에 대한 토의 시 공산사회는 도래하지 않았으므로 실패한 것이 아니라는 것을 마르크스의 이론을 토대로 역설함. 또한 주자의 사상에 대해 짜임새 있는 조사연구를 수행하였고, 급우들 앞에서 '주희가 주자로 불릴 정도의 평가는 지나치다'라는 내용의 독창적인 발표를 수행함. 주로 기독교 세계관을 바탕으로 다른 종교와 사상을 평가 분석하는 일에 숙달되어 있어 타종교와 사상에 대한 배려적 태도를 갖춘다면 더욱더 괄목할만한 성장이 기대되는 학생임. 더불어 공산주의 사상에 대한 관심이 있어 기존 정통 공산주의에 자본주의 요소를 가미한 새로운 사회 경제 체제의 미래에 대한 소논문 작성 계획서를 제출함.
24	이00	윤리 학습에 대한 의욕이 높고, 윤리사적 지식 습득에 대한 관심이 많아 학업 성취도가 높게 나타남
25	이00	리버스라는 제목의 불교윤리 표현 콜라주 작품을 발표함
26	이00	학급 토의가 원활하게 진행되는 데 결정적으로 기여할 만큼 왕성한 발표력을 보여 줌. 남다른 사고력과 창의적이고 독특한 관점을 지녀 공동의 문제 해결에도 큰 도움이 됨. 인간의 삶과 윤리 사상에 대한 토의 중 지각이 없는 상태에서의 범죄가 성립할 수 있는가 등의 문제를 제기하며 토의를 이끎.
27	장00	토의 활동에 적극적으로 참여하였고, 판단 능력 부재자의 도덕적 행위에 대한 토의 중, 절제 능력이 없는 사람은 도덕적 판단 대상자로 삼을 수 없다는 주장을 제기하여 토의를 높은 수준으로 이끎. 마이클 샌델의 정의란 무엇인가를 읽고 독후감을 제출하였고, 유교를 주제로 소논문을 쓰고자 계획서를 제출한 바 있음.
28	장00	윤리 수업에 적극적으로 참여하여 학급 공동체의 깊이있는 주제 이해에 기여함

번호	이름	생활기록부 기록 내용
29	정00	윤리 수업에 적극적으로 참여하여 학급 공동체의 깊이있는 주제 이해에 기여함
30	정00	사색적 태도가 몸에 밴 학습자로서 국가와 개인의 관계, 사회 정의, 윤리성의 의미 등 다양한 주제에 관심을 갖고 학습 활동에 참여함. 특히 자아의 본질 문제에 깊이 관심 갖고 나를 정의하는 것들에 대한 고찰이라는 소논문 계획서를 제출하는 등 자기 정체성을 확립해가는 과정이 주목할 만했음. 불교 윤리와 관련한 토의 시에도 과학이 불교에서 말하는 고통의 또 다른 원인이 될 수 있다고 말하는 등 학습 공동체의 깊이 있는 주제 이해에도 크게 기여함. 동양 사상에도 관심이 있어 노자의 사상을 조사하여 발표 하였는바, 노자와의 토크 콘서트 형식으로 진행하여 청중들의 큰 호응을 얻음. 상기 활동을 통해 확인된 숙고 능력을 토대로 인문 분야에 종사한다면 괄목할 만한 성과를 기대할 수 있겠음.
31	정00	윤리 수업에 적극적으로 참여하여 학급 공동체의 깊이 있는 주제 이해에 기여함
32	조00	제법무아라는 제목의 불교 윤리 표현 콜라주 창작물을 발표함.
33	차00	윤리 수업에 적극적으로 참여하여 학급 공동체의 깊이 있는 주제 이해에 기여하였고, 집착을 주제로 한 콜라주 창작물을 발표함. 사회정의 문제에 대한 기준에 관심이 있어 동양 사상가인 한비자와 공리주의 윤리에 대한 조사 보고서를 제출함.
34	황00	윤리 수업에 적극적으로 참여하여 학급 공동체의 깊이 있는 주제 이해에 기여함. 집착을 주제로 한 콜라주 창작물을 발표하였으며, 공리주의자라면 가족 중의 범죄자를 어떻게 대우할 것인가의 문제에 대해 고민하기도 함. 칸트 사상에도 관심이 있어 칸트의 생애와 그가 제시한 윤리적 기준에 대한 조사 보고서를 제출함.
35	김00	사성제를 주제로 한 불교윤리 콜라주 발표물을 제작함.
36	최00	자연을 주제로 한 불교윤리 콜라주 발표물을 제작하는 등 윤리 수업에 적극적으로 임하였고, 윤리 수업을 통해 한 번 쯤 사태에 대해 되묻게 된다고 표현하는 등 사고력이 신장된 모습을 보여 줌.

〈여학생 반 기록 사례〉

번호	이름	생활기록부 기록 내용
1	권00	윤리시간이 자신의 삶에 대해 되돌아보는 시간이 되었다고 술회하는 등 변화된 모습을 보임. 실신청년들을 위한 편지 쓰기 활동 시 취업 후 대출금 상환제를 제안하는 등 수업에도 적극적으로 참여함.
2	권00	수업 및 평가 활동에 열의를 갖고 참여함. 특히 청와대에서 실신청년에게 보내는 위로의 편지, 불교 사상을 콜라주로 표현하기 등에서 다양한 아이디어를 내는 등 적극적인 참여가 돋보임. 생명윤리 및 환경 윤리 분야에 관심을 보임.
3	권00	깊이 있는 사고력을 바탕으로 한 논리 전개 능력을 바탕으로 학습 주제에 대한 설득력 있는 발표와 글쓰기 작품을 보여주어 학습 공동체의 깊이 있는 주제 이해에 몹시 크게 기여함. 죽음에 대한 토의시 사후세계에 대한 불확실성이 불안을 증폭시킨다고 발표하였고, 평화에 관한 토의시 안중근 의사의 행동도 관점에 따라서는 재평가 될 수 있다고 주장하는 등 창의적 사고의 신장 역시 확인할 수 있었음. 공리주의, 생태윤리, 인간과 사회 등 윤리의 제 영역에 깊은 관심을 보이며 적극적으로 학습하여 윤리 시간이 내면 성찰에 큰 도움이 되었다고 진술함. 더불어 법가, 독재인가라는 제목의 비평문을 제출하는 등 주제 연구를 통한 깊이 있는 학습에도 정성을 다함.
4	김00	수업 활동에 적극적으로 참여하여 학습 공동체의 주제 이해에 기여하였음. 특히 생명 윤리 분야에 관심이 있어 관련 주제 학습에 능동적으로 참여하였고 생명에 대한 존중 및 배려 의식의 향상을 확인 할 수 있었음.
5	김00	또래 이성 인터뷰 활동에 적극적으로 참여하여 이성에 대한 이해의 폭을 넓히는 기회를 얻음.
6	김00	수업 활동에 적극적으로 참여하였고, 특히 성윤리, 정의 문제를 비롯한 사회윤리, 생태 윤리 분야에 관심을 가짐.

번호	이름	생활기록부 기록 내용
7	김00	급우들의 발표 내용 및 창작물을 꼼꼼하게 기록 정리하는 등 윤리 조교로서 활동하며 학습 공동체의 학습 활동에 크게 기여함. 수업 활동에도 왕성하게 참여하여 매 토의 시 마다 중요한 논제를 던져 학습 공동체의 깊이 있는 주제 이해에 기여하였음. 인간의 삶과 윤리에 대한 토의 시는 동물의 도덕적 학습도 가능하다고 주장하였고, 비배우자간 동거 문제에 대한 토의 시는 결혼의 참된 의미를 인간성의 성숙이라는 관점에서 재해석 하는 등 도덕적 숙고 능력 역시 학년 초에 비해 크게 향상된 모습을 보여줌. 특히 조별 활동에 대한 인식의 변화가 생겨 타인에 대한 이해와 존중의 모습을 보여 주는 등 배려적 사고의 향상도 확인 할 수 있었음.
8	문00	학기 윤리 수업을 통해 성찰적 사고 능력의 향상을 보여 줌. 자아 성찰 일기 및 세계 성찰 일기를 성실하게 작성하며 자신과 세계를 돌아보는 시간을 보냈고, 특히 평화 및 생명 관련 이슈에 관심을 보임.
9	박00	동서양 사상가들의 삶에 더 관심 갖게 되었고, 인간중심주의 및 탈 인간중심주의의 대립 과정에 관심 갖는 등 사상의 적용 문제에 관심을 기울임.
10	박00	불교 등 종교 사상에 관심을 기울였고, 실업 및 신용 불량 청소년에게 보내는 청와대의 편지 활동에서 대출 이자율의 감소 방안을 제안하는 등 배려적 사고를 보여 줌.
11	박00	적극적인 자세로 수업 활동에 임해 학습 공동체의 주제 이해에 기여함. 특히 생명 및 죽음 등 생사 문제와 관련한 영역에 관심을 기울임.
12	박00	적극적인 자세로 수업 활동에 임해 진지한 학급 토의 문화가 정착 되는데 기여함. 환경 윤리 및 사회 정의 윤리 문제에 관심을 기울임.
13	박00	수업 활동을 통해 생명의 소중함 및 인간의 존엄성을 깨닫게 되었다고 술회하는 등 배려적 사고의 성장을 보여 줌. 특히 동식물을

번호	이름	생활기록부 기록 내용
		비롯한 생태 영역에 대한 깊이 있는 이해를 보여주며 생명의 입장에서 감정 표현하기 활동 시 적극적으로 참여함.
14	변00	성취를 중요한 가치로 갖고 있어, 발표, 토의, 조별 창작 및 주제 연구 등 모든 수업 활동에 매우 적극적으로 임함. 특히 왕성한 발표력을 바탕으로 매 토의 시마다 적극적으로 의견을 제출하여 학습 공동체의 깊이 있는 주제 이해에 크게 기여함. 동물 보호에 대한 토의 시 동물 보호 자체가 결국 인간의 유익을 위한 일이라며 비판적 태도를 보여주었고, 과학기술 윤리에 대한 토의 시는 과학자의 죽음과 변화에 대한 두려움의 적음을 높이 평가해야 한다는 등의 주장을 보여주는 등 비판적 사고 능력의 향상을 보여줌. 더불어 윤리 미니 콘서트의 기획자로 활동하며 프로그램을 구성하고 홍보물을 제작하고 노래, 춤 등 다양한 출연자를 섭외하는 등 급우들의 재능을 발굴하고, 협력적 학습 문화를 만드는 데 크게 기여함.
15	석00	적극적인 자세로 수업 활동에 임해 학급의 깊이 있는 주제 이해에 크게 기여함. 특히 낙태, 배아 복제 등 생명 윤리 문제에 관심을 갖고 학습하였으며, 죽음에 대한 토의 시 죽음에 대한 두려움을 자연스러운 것으로 받아들여야 한다는 주장을 제기하기도 해 주목 받음.
16	성00	적극적인 자세로 수업 활동에 임함. 특히 조별 학습 시 마다 적극적인 의견 개진으로 조원들의 협력적 학습 문화 형성에 기여함. 실업 및 신용 불량 청년들에게 보내는 청와대의 편지 활동에서 중소기업 대상 복지 정책 정부 지원, 대출 이자 감소, 대학 등록금 인하 등 다양한 대안을 제시하여 학습 공동체의 주제 이해에 기여함.
17	손00	인물 조사 연구 활동에 충실히 임함. 공자, 맹자, 순자, 주자, 왕수인 등 동서양 사상가들의 사상과 생애에 대한 조사 보고서를 5편 이상 제출함.
18	안00	수업 활동에 적극적으로 참여하여 급우들의 주제 이해에 기여함.

번호	이름	생활기록부 기록 내용
		생명 윤리 토의 시 시험관 아기의 양면성이라는 글을 발표하였고, 학급 힐링 미니 콘서트에서 라이어 라이어라는 춤을 급우들에게 주는 선물로 보여주어 급우들의 큰 호응을 얻음.
19	염00	주장과 근거 사이의 논리적 관계를 추론하는 능력이 뛰어나 생명, 과학기술, 생태 등 윤리 제 분야의 주제 이해에 높은 탁월성을 보여 줌. 생명 윤리 관련 토의 시 인류의 발전을 논할 때, 발전에 대한 정의부터 명확하게 되어야 논의가 가능하다는 주장을 하는 등 토의 활동에도 적극적으로 참여함.
20	이00	수업 활동에 적극적으로 참여하여 급우들의 학습 주제 이해에 기여함. 도덕적인 것에 대해 묻는 등 윤리 학습에 대한 관심을 보임.
21	이00	토의 및 조별 활동 등 수업 활동에 적극적으로 임하여 학습 공동체의 주제 이해에 크게 기여함. 생명윤리에 관한 토의 시 산모의 낙태 시도 시 태아도 이를 충분히 인지할 수 있다는 주장을 제기하여 큰 관심을 불러 일으켰고, 죽음에 관한 토의 시도 인생은 죽음과 삶의 경계로 정의할 수 있다는 등의 표현으로 학습에 활기를 불어넣음.
22	이00	추상 세계에 대한 적극적 탐구로 윤리적 사고 능력이 많이 향상됨. 특히 사회 정의 문제 및 약자에 대한 배려에 관심을 기울이게 되었고, 집에서도 어항의 물고기를 좀 더 선대하게 되었다고 표현하였으며, 낙태는 태아 살인이라 주장하는 등 배려적 사고의 향상을 보여 줌.
23	전00	학기 윤리 조교를 맡아 급우들의 발표 및 창작물을 기록 정리하여 학습 공동체의 성장을 확인하는 데 결정적으로 기여함. 특히 늘 즐거운 자세로 토의, 조별 활동, 과제 작성 등 수업 활동에 적극적으로 임하여 학습 공동체의 윤리적 성장에 기여함. 토의 활동에 몹시 적극적으로 임해 매 토의 시 마다 빠짐없이 의견을 제출하였음. 낙태 관련 토의 시 태아도 본능적으로 죽음을 인지할 수 있다고 주장하였고, 성윤리 토의 시 혼전 동거의 윤리성 문제를 제기하였으

번호	이름	생활기록부 기록 내용
		며, 생태 문제 관련 토의 시도 동물원이 동물 보호가 아닌 인간의 이익을 위한 장치에 불과하다고 주장하는 등 다양한 의견 개진으로 학습 공동체의 깊이 있는 주제 이해에 기여함.
24	정00	매 토의 시 마다 빠짐없이 의견을 제출하였고, 조별 활동 시도 활동을 이끄는 등 수업 활동에 매우 적극적으로 임해 학습 공동체의 깊이 있는 주제 이해에 크게 기여함. 죽음에 대한 토의 시 죽음에 대한 두려움이 없다면 종 멸망의 사태를 초래할 것이라 주장하였고, 생명 관련 토의 시는 인간 존중의 본질적 이유를 물었으며, 성윤리 토의 시도 남성의 성욕 절제 문제에 대해 의문을 제기하는 등 왕성한 지적 호기심으로 토의를 이끎.
25	정00	실업자 및 신용 불량자에게 보내는 청와대의 편지 활동에서 학생 중심 정부 구성에 대한 아이디어를 제시하는 등 숙고적 자세로 수업 활동에 임함.
26	최00	학급 반장으로서 수업 활동에도 몹시 적극적으로 임함. 특히 토의 활동과 조별 학습 시 활동을 주도하여 학습 공동체의 윤리성 향상에 크게 기여함. 특히 매 토의 시 마다 빠짐없이 의견을 개진하여 활발한 학습 문화 형성에 도움이 됨. 생명 윤리 토의 시는 내가 있기에 남도 있고 남도 있기에 내가 있다고 주장하는 등 연기적 세계관에 바탕을 둔 주장을 하였고, 전쟁과 평화에 관한 토의 시에도 의로운 전쟁이 가능하며, 전쟁 시 인명 살상을 피하는 것이 가능한가라고 묻는 등 배려적 사고의 향상을 보여 줌. 수업 중 진행 된 미니 콘서트에서도 부기획자 및 진행자로 활동하며 급우들의 재능을 발굴하기 위해 힘씀.
27	최00	토의와 협동 학습을 즐기며 참여할 정도로 여유 있고 활기찬 모습을 보여 주어 학습 공동체의 협력적 학습 문화 정착에 크게 기여함. 매 토의 시 마다 빠짐없이 의견을 제출하여 급우들의 학습 주제 이해에도 크게 기여함. 죽음과 삶에 관한 토의 시 삶 자체가 한 번 주어지는 선물이라는 관점을 바탕으로 주장을 개진하여, 급우들이 삶을 긍정과 감사의 마음으로 볼 수 있게 하는 데 기여함. 수업

번호	이름	생활기록부 기록 내용
		중 진행된 윤리 미니 콘서트에서도 '손잡아줘요'라는 노래를 불러 급우들의 협력적 학습 활동 문화를 형성하는데 기여함.
28	허00	잘 훈련된 논리적 사고력을 바탕으로 매 토의 시 마다 주장을 제출하여 급우들의 논리적, 비판적 사고 형성에 긍정적으로 기여함. 생명윤리에 대한 토의 시 배아나 수정란은 뇌와 감각기관이 형성되어 있지 않으므로 고통을 감각할 수 없고 죽음을 인식할 수 없다는 주장으로 급우들의 논리적 사고 형성에 기여함. 구조적 폭력을 비롯한 사회 정의 문제 및 생태 윤리 문제에 관심을 보였으며, 공리주의 기반의 문제 해결 방식에 회의를 품는 등 배려적 사고의 향상도 목격할 수 있었음.
29	허00	수업 활동에 적극적으로 참여하여 급우들의 주제 이해에 기여함. 이성 친구 인터뷰 활동에 관심 갖고 참여하였으며, 급우 관찰 일기 쓰기 활동에도 적극적으로 참여함.
30	홍00	학기 윤리 수업이 서로에게 스며들기였다고 자술할 만큼 윤리 수업을 통한 타인 이해와 배려 및 존중 영역의 성장을 관찰할 수 있었음. 토의 활동에도 왕성하게 참여하여 매 토의 시 마다 적극적으로 주장을 제출함. 실업 및 신용 불량자에게 보내는 청와대의 편지 활동 시도 청년 실업자에게 취업 우선권 제공 등의 구체적 정책 대안을 제안하는 등 조별 협력 학습에도 적극적으로 임함. 수업 중 진행된 윤리 미니 콘서트에서 음향을 담당하였고, 쓰담쓰담이라는 노래를 불러 급우들의 협력적 학습 공동체 형성에 크게 기여함. 더불어 노자와 장자가 보내는 가상 편지 쓰기 활동에서도 노장 사상이 녹아든 자연스러운 편지 글을 작성하여 급우들에게 위로의 시간을 선사함.
31	황00	사회적 약자를 돕기 위해 보드게임 규칙 바꾸기 활동에 적극적으로 참여하는 등 사회 정의 문제에 관심을 가짐. 실업 및 신용 불량 청년들에게 보내는 청와대의 편지 활동에서도 35세까지 가능한 취업 준비 대출제를 주장하는 등 약자를 돕기 위한 방안 마련 문제에 큰 관심을 보임.

이런 식의 기록 행위에 대한 의의와 문제점을 꼽아보자면 다음과 같습니다. 일단은 거의 모든 학생에 대한 관찰과 기록 시도였는데요. 의미는 있었지만 너무 많아서 힘겨웠습니다. 이 때 약 250명의 학습자를 대상으로 시행했는데, 또 하라 하면 꽤나 고민할 듯싶습니다. 보시는 것처럼 '날림 기록'이 발생하기도 했으니까요. 두 번째는 성장 및 변화에 대한 기록을 추구했는데, 생각보다 그게 분명하게 적시되지 못했다는 겁니다. 이유로는 분명한 변화 요소, 즉 제 수업에서 의도했던 학습 역량의 설정이 모호했던 탓으로 볼 수 있겠습니다. 세 번째는, 간간히 보이는 '조언 시도'입니다. 장래에 무엇을 하면 좋겠다. '이런 영역이 보완되면 좋겠다' 등의 학생을 위한 피드백입니다. 이것이 좀 더 많았다면 기록으로서 더 큰 가치가 있었을 텐데, 그 부분이 많이 없는 것이 아쉽습니다.

마지막으로 생각해 볼 문제는 기록과 통지의 횟수입니다. 고교 특성상 '생활기록부 교과별 세부 능력 및 특기사항 1회 기록, 그리고 무통지'로 끝나는 게 현재의 기록 실정인데, 이런 식의 기록 행위가 학생들의 계속적인 학습욕구, 성장욕구를 자극할 수 있을까 고민됩니다. 좀 더 여러 번 기록하고, 좀 더 여러 번 기록 내용을 알려줄 수 있다면 더 큰 학습이 일어날 수 있으리라 봅니다. 식물을 기를 때의 물 주기나 볕 쬐어주기와 퇴비주기, 가지치기 등을 하루에 다 쏟아 붓는다고 식물이 잘 자라는 게 아닐 테니까요.

III. 비범한 평가와 비범한 수업 차시별 소개 1부

〈생활과 윤리〉

앞 장에서 수업을 주제별로 진행하였고, 각 주제마다 4차시로 구성하여 일종의 모듈형 수업을 운영하였다고 말씀드렸습니다. 이하에서 말씀드릴 내용은 주로 4차시의 수행평가 진행의 실제에 대한 것들입니다. 그전에 비범한 수업에 대해 잠시 변명하도록 하겠습니다.

〈과정 평가를 위한 모듈형 수업 구조〉

1차시	2차시	3차시	4차시
텍스트 읽고 토의주제 만들기	토의하기	강의	수행평가

맹랑하게 비범한 평가라고 이름 붙였으니 '라임(?)'을 맞추기 위해서라도 수업 역시 '비범한 수업'이라고 하겠습니다.(맹랑해서 죄송합니다.) 비범한 평가를 '성장 중심 / 과정형 / 학습자 참여형 / 점

수를 얻어가는 / 성찰이 있는' 평가로 서술했는데요. '과정형이나 점수를 얻어가는' 등의 평가와 직접 관련 요소를 뺀 '성장중심 / 학습자 참여형 / 성찰이 있는' 등의 요소는 수업에도 동일하게 적용할 수 있을 듯싶습니다.

이런 가치를 토대로 진행했던 2016년 2학기부터 2017년 1학기의 수업과 평가의 구체적인 내용을 주제별로 말씀드려 보겠습니다. 2개 학기 동안 총 11주제의 수업을 진행했습니다. 중복되는 것을 제외하고 10개 주제로 나누어 말씀드리겠습니다. 살펴보시고 비범한 평가, 비범한 수업이라 부를만한지, 즉 '성장 중심 / 과정형 / 학습자 참여형 / 점수를 얻어가는 / 성찰이 있는' 평가와 수업이라 할 만한지 성패를 판단해주세요.

먼저, 1절부터 5절 까지는 2016학년도 2학기 생활과 윤리시간에 시행한 5개 주제의 수업과 평가입니다.

1. 〈생활과 윤리〉 생명과 윤리 / 인스턴트 글쓰기 - 생명과 나

생명윤리 분야는 수능에서도 매년 비중 있게 다루어지는 생활과 윤리 과목의 주요 주제 중 하나입니다. 낙태 논란과 생식보조술, 생명 복제 등과 관련한 생명과학이 가져오는 가치판단 문제를 주요 하위 요소로 갖고 있지요. 학생들은 주로 생사문제에 관심이 많았고요, 저는 생명의 기원에 대해 이야기 나누고 싶었습니다. 그래서 이 주제에 대한 학습 목표는 다음과 같이 설정하였습니다.

생명과 윤리 학습목표	현대 생명 윤리 문제의 다양한 사례를 안다 윤리적 문제점을 고려할 수 있다 인간다움에 대 정의 내릴 수 있다

수업은 1차시 텍스트 읽기 후, 2차시에 '생명의 시작점은 어디부터인가?', '낙태는 살인인가?' 등의 문제를 가지고 토의하였고, 3차시에는 '과학 기술의 양면성', '배아 줄기 세포 논란', '낙태 논란', '생식 보조술로서의 인공수정(체내인공수정)과 시험관아기(체외인공수정)'에 대해 강의하였습니다. 4차시에는 앞서 공부한 내용을 토대로 인스턴트 글쓰기라는 이름으로 가벼운 글쓰기 활동을 평가 활동으로 진행하였습니다.

〈인스턴트 글쓰기〉

내용 및 목적	이동 중인 물체의 특징만을 포착하여 단숨에 그려내는 크로키처럼, 단시간에 주장과 핵심 근거 중심으로 퇴고 없이 글쓰기하여 생명윤리 관련 주장과 근거의 논리적 상관을 파악하는 능력(비판적 사고력)을 기름
진행방법	'생명과 나'라는 제목으로 쓰기 (지나친 사고 확산 방지) 5-10줄 정도로 글쓰기 조별 발표 및 조별 우수자 선정 우수자 전체 발표
평가기준	주장이 분명한가? 주장과 근거가 논리적으로 일치 하는가?

	근거가 창의적인가? 발표 자세가 적극적이고 공손한가? 일상에서 찾을 수 있는 소재를 사용하고 있는가?

평가기준은 주로 제가 제안하고, 수업 현장에서 학생들의 제안을 받아 몇 가지 추가하였습니다. 위의 내용 중 발표 자세가 적극적이고 공손한가? 등이 학생들이 제안한 평가기준입니다. 수업 중 제안을 받아들이다 보니, 학생제안 기준은 학급별로 상이하였습니다. 다음은 실제 활동 결과물 사진입니다.

〈인스턴트 글쓰기 활동 결과1〉

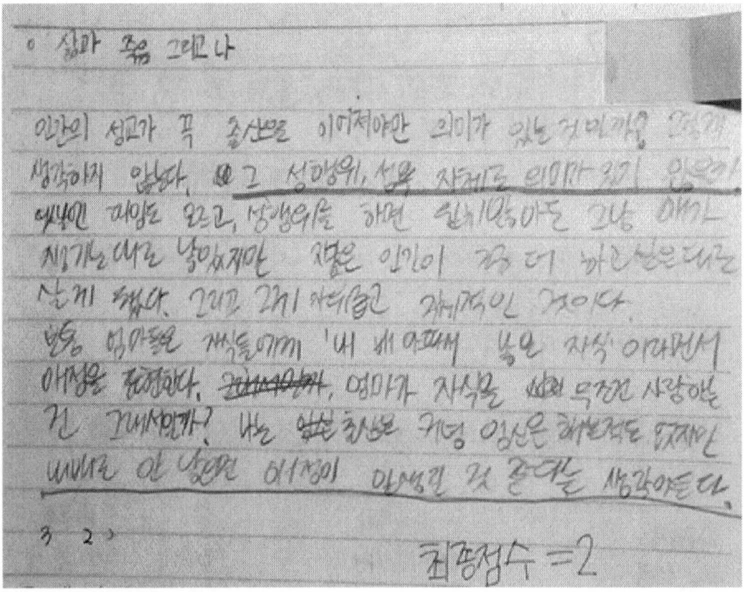

인간의 성교가 꼭 출산으로 이어져야만 의미가 있는 것일까? 그렇게 생각하지 않는다. 그 성행위, 성욕 자체로 의미가 있지 않을까? 옛날엔 피임도 모르고 성

행위를 하면 원치 않아도 그냥 애가 생기는 대로 낳았지만 지금은 인간이 조금 더 하고 싶은 대로 살게 됐다. 그리고 그게 자유롭게 주체적인 것이다. 보통 엄마들은 자식들에게 '내 배 아파서 낳은 자식'이라면서 애정을 표현한다. 엄마가 자식을 무조건 사랑하는 건 그래서일까? 나는 출산은커녕 임신은 해본적도 없지만 내 배로 안 낳으면 애정이 안 생길 것 같다는 생각이 든다.

〈인스턴트 글쓰기 활동 결과2〉

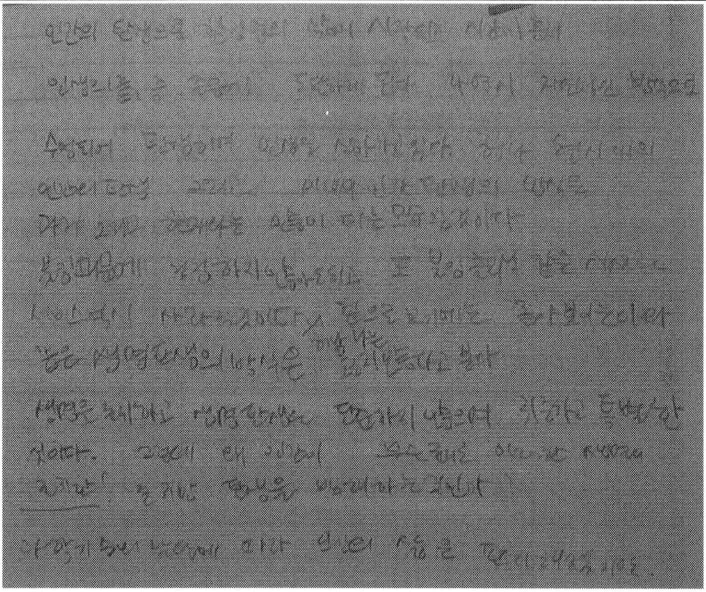

인간의 탄생으로 한 생명의 삶이 시작되고 시간이 흘러 인생의 끝 즉 죽음에 도달하게 된다. 나 역시 자연적인 방식으로 수정되어 탄생하여 인생을 살아가고 있다. 허나 현 시대의 인생의 탄생 그리고 미래 인간의 탄생의 방식은 과거 그리고 현재와는 많이 다른 모습일 것이다. 불임 때문에 걱정하지 않아도 되고 또 불임 클리닉 같은 시설과 서비스 역시 사라질 것이다. 허나 이와 같은 생명 탄생의 방식은 옳지 않다고 본다. 나는 겉으로 보기에는 좋아 보이는 생명은 존귀하고 생명 탄생은 단순하지 않으며 귀중하고 특별한 것이다. 그런데 왜 인간이 무슨 권리로 이러한 생명의 존귀한 탄생을 방해하는 것인가? 과학기술의 발달에 따라 인간의 삶은 편리해졌지만....(후략)

학생들의 수업 참여가 활발했던 주제였습니다. 특히 낙태 논란과 관련해서는 여학생들의 다양한 의견을 들을 수 있었습니다.

평가에 관해서는 학생들의 비판적인 의견이 많았습니다. 조별 내에서 상호 평가를 하고 순위를 매기는 방식으로 진행하였고, 제가 순위에 개입을 하지 않았습니다. 그랬더니 학생들이 "협력이 아니라 경쟁을 조장하고 있어요."라며, 적극적으로 평가하기 힘들다고 했던 거지요. 친구에게 나쁜 점수를 주기 민망하다는 거였습니다. 때문에 이 이후로 조별 내에서의 상호평가는 신중하게 접근하게 되었습니다.

2. 〈생활과 윤리〉 성과 윤리 / 이성 친구 인터뷰하기

학기 초 수업 주제 선정을 위한 배우고 싶은 것 말하기 활동에서 압도적으로 많이 나온 주제입니다. 거의 모든 반에서 이 주제가 언급되었습니다. 그만큼 학생들의 관심이 높은 주제이겠지요? 주제와 관련한 학생들의 세부 학습 욕구 역시 다양해서, 스킨십, 성소수자, 성 평등, 성 상품화 등 여러 가지 학습 요소들이 언급되었습니다. 교육과정의 성취기준상에서는 이와는 달리 바람직한 성 관념, 성의 요소, 결혼의 의미 등이 주요하게 다루어지고 있기도 하고요. 때문에 다음과 같이 학습목표를 정리해보았습니다.

성과 윤리 학습목표	성적욕구, 합일의 욕구를 지닌 자아와 타인에 대해 이해하고 배려할 수 있다.

특히, 나와 다른 성을 가진 존재에 대한 이해가 필요하다고 보아서, 이번 주제의 수행평가로는 '이성 친구'를 만나볼 기회를 주어야겠다고 생각했습니다. 몇몇 학생들을 제외하곤 이성 친구를 진지하게 마주한 경험이 별로 없더라고요. 때문에 '이성 친구 인터뷰'를 수행평가 과제로 삼았습니다. 1차시엔 텍스트 읽기, 2차시엔 토의하기(혼전 순결, 청소년기 이성 교제시의 신체 접촉의 허용 범위 등에 대해 토의), 3차시엔 성의 의미와 요소, 성적 자기 결정권, 예술과 외설, 성소수자와 성 평등에 대해 강의했습니다. 그리고 4차시에 학생들에게 내 주었던 인터뷰 결과를 조별로 나누고 발표하는 시간을 가졌습니다.

〈이성친구 인터뷰〉

내용 및 목적	이성을 대상으로 진지한 만남을 갖고, 질문 중심의 대화를 나누며 나와 다른 성에 대해 이해할 수 있는 기회를 가짐. 배려적 사고의 성장을 자극함.

진행방법	만날 이성 친구의 선정 인터뷰 질문 5개 이상 구상(질문 주제는 자유) 공개된 장소에서 20분 정도 인터뷰 소감문 작성 후 발표
평가기준	인터뷰 질문이 이성을 이해하는데 적합한가? 질문 내용이 추상적이지 않고 구체적인가? '예/아니오'가 아닌 구체적인 답변을 요구하는 질문인가? 후기를 솔직하게 작성하였는가? 20분 이상 진행했는가?

이 활동과 관련해서 인터뷰 질문이 핵심이라고 보았기에, 질문을 만드는 요령에 대해선 꽤 강조해서 설명했습니다. '닫힌 질문이 아닌 열린 질문을 할 것, 상대의 관심사에 관련된 질문을 할 것, 그러려면 상대에 대한 관찰이 필요함' 등과 같은 것들이었습니다. 평가기준은 앞서와 마찬가지로 반별로 학생들의 요구를 즉석에서 몇 개씩 추가하였습니다. '20분 이상 진행'과 같은 것들입니다.

〈이성친구 인터뷰 활동 결과1〉

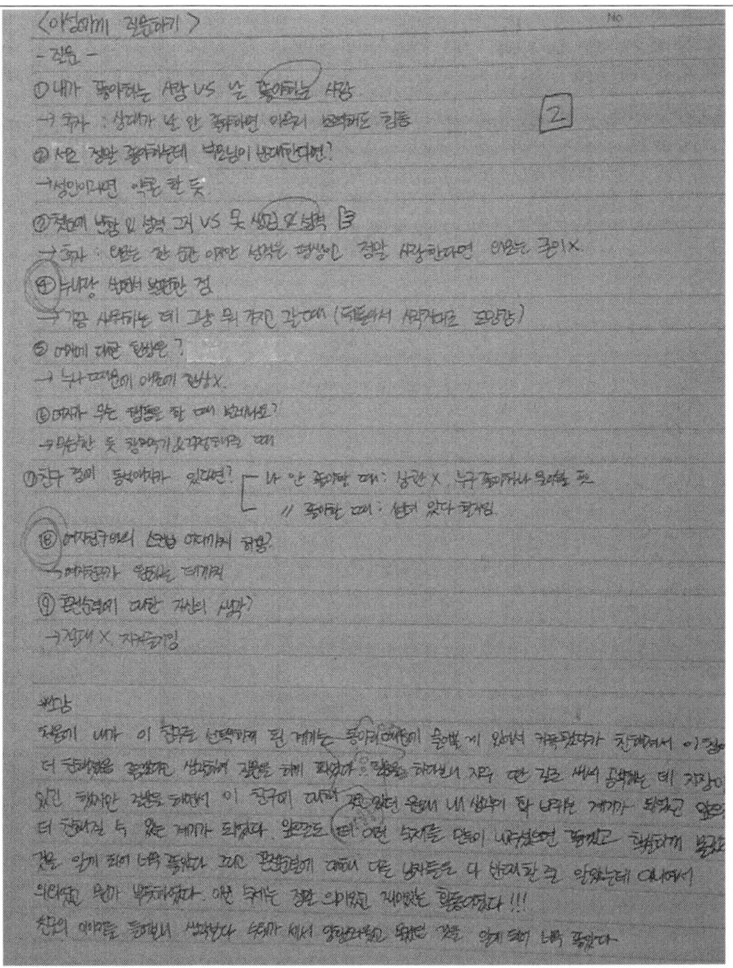

〈이성에게 질문하기〉

- 질문 -

① 내가 좋아하는 사람 VS 날 좋아하는 사람

→ 상대가 날 안 좋아한다면 아무리 노력해도 힘듬

② 서로 정말 좋아하는데 부모님이 반대한다면?

→ 성인이라면 약혼 할 듯

③ 첫눈에 반함 및 성격 그지 VS 못 생김 & 성격 ('엄지 척' 그림)

→ 외모는 한 순간 이지만 성격은 평생이고 정말 사랑한다면 외모는 굳이 X

④ 누나랑 살면서 불편한 점

→ 가끔 샤워하는 데 그냥 뭐 가지고 갈 때(뒤돌아서 사각지대로 도망감)

⑤ 여자에 대한 환상은?

→ 누나 때문에 애초에 환상X

⑥ 여자가 우는 행동을 할 때 설레나요?

→ 무심한 듯 챙겨주기 & 걱정해줄 때

⑦ 친구 중에 동성애자가 있다면

→ 나 안 좋아할 때 : 상관X, 누구 좋아하나 물어볼 듯

나 좋아할 때 : 썸녀 있다 할거임

⑧ 여자친구와의 스킨쉽 어디까지 허용?

→여자친구가 원하는 데까지

⑨ 혼전순결에 대한 자신의 생각?

→절대X, 지켜줄거임

* 소감

처음에 내가 이 친구들 선택하게 된 계기는 동아리 때문에 물어볼 게 있어서 카톡 했다가 친해져서 이참에 더 친해졌음 좋겠다고 생각하여 질문을 하게 되었다. 질문을 하다보니 자꾸 딴 길로 새서 공부하는 데 지장이 있긴 했지만 질문을 하면서 이 친구에 대해 갖고 있던 원래 내 생각이 확 바뀌는 계기가 되었고 앞으로 더 친해질 수 있는 계기가 되었다. 앞으로도 더 이런 숙제를 많이 내 주셨으

면 좋게고 확실하게 몰랐던 것을 알게 되어 너무 좋았다. 그리고 혼전순결에 대해 다른 남자들은 다 반대할 줄 알았는데 아니여서 의외였고 뭔가 뿌듯하였다. 이번 숙제는 정말 의미있고 재미있는 활동이었다!!! 친구의 이야기를 들어보니 생각보다 수위가 세서 당황스러웠고 몰랐던 것을 알게 되어 너무 좋았다.

〈이성친구 인터뷰 활동 결과2〉

<이성과 인터뷰하기>

인터뷰 날짜: 2016년 9월 25일 일요일

인터뷰 장소: 학원 건물 1층 카페

인터뷰 대상: 2학년 5반 [redacted]

Q1. 사전조사 상 게임은 그다지 좋아하지 않는 편으로 알고 있는데, 그렇다면 평소 여가 생활은 어떻게 되나요?

A1. 친구들이랑 PC방을 가게 되면 [illegible] 하는데 PC방 자체도 잘 안 가요. 가끔 저녁 먹을 때 친구들과 분식집이나 패스트푸드점에 가서 이야기하고 집에 돌아오면서 인형 뽑기를 한다거나 코인노래방에서 논다거나 하는 게 평일의 여가 생활이에요. 주말에는 하루 날을 잡아서 구리나 잠실, 홍대로 가서 놉니다. 친구가 밴드에서 세션으로 활동을 하는데 주기적이기 때문에 공연이나 버스킹을 보러 가기도 합니다. 게임하는 친구들은 밖에서 놀지도 않고 항상 PC방에 있기만 하는데 그건 저랑 좀 안 맞는 것 같아요.

Q2. 게임 하기보다는 밖에서 놀거나 친구와 이야기하며 밥을 먹는 걸 좋아하는군요. 그렇다면 다음 질문으로 넘어가겠습니다. 학생회에 소속되어 활동하고 계신 것으로 알고 있는데요. 평소 학생회 활동은 어때요?

A2. 축제 때 학생회가 실제적으로 분주해서 고생을 많이 했어요. 방학 후에 거의 바로 축제가 진행되기 때문에 방학 내내 학교에서 회의하며 축제 준비를 했습니다. 그때 학생회 임원들끼리 의견 충돌이 있거나 소통이 원활하지 않아서 문제가 되는 경우가 많아서 정신적으로도 조금 힘들었어요. 그리고 축제 당일 날은 질서 유지하고 이리저리 바삐 돌아다니느라 제대로 놀지 못했던 것 같아요. 그래도 모두 끝나고 나니 추억거리가 된 것 같아 나름대로 만족하고 있어요.

Q3. 학생회 활동을 오래 하셔서 정리하느라 바빴고 축제를 제대로 즐기지도 못하는군요. 학생들이 학생회 임원들의 애환을 알았으면 좋겠네요. 그렇다면 다음 질문으로 넘어가겠습니다. 문과반에서 생활과 윤리 수업 시간에 거론된 토론 주제에 대한 이야기인데요, 혹시 혼전순결에 대해서 어떤 입장을 가지고 있으신가요?

A3. 다른 사람이 어떻게 하든 그건 상관 안 써요. 저는 부모님께서 혼전에는 관계를 가지면 안 된다는 그런 생각이 있어요. 그러나 혼전이라도 사랑하지 않는 상대와 관계를 가지는 건 별로인 것 같아요. 그냥 개인적인 생각이에요. 저는 되게 보수적인 편인데 이런 부분도 개방적이에요.

〈이성과 인터뷰하기〉

인터뷰 날짜 : 2016년 9월 25일 일요일

인터뷰 장소 : 학원 건물 1층 카페

인터뷰 대상 : 2학년 5반 ○○○

Q1: 사전조사 상 게임은 그다지 좋아하지 않는 것으로 알고 있는데, 그렇다면 평소 여가 생활은 어떻게 되나요?

A1: 친구들이랑 PC방을 가게 되면 하기는 하는데 PC방 자체도 잘 안 가요. 가끔 저녁 먹을 때 친구들과 분식집이나 패스트푸드점에 가서 얘기하고 집에 돌아오면서 인형 뽑기를 한다거나 코인노래방에서 논다거나 하는 게 평일의 여가 생활이에요. 주말에는 하루 날을 잡아서 구리나 잠실, 홍대로 가서 놉니다. 친구가 밴드에서 세션으로 활동을 하는데 주 무대가 홍대이기 때문에 공연이나 버스킹을 보러 가기도 합니다. 게임하는 친구들은 밖에서 놀지도 않고 항상 PC방에 있기만 하는데 그건 저랑 좀 안 맞는 것 같아요.(중략)

Q3: 문과반에서 생활과 윤리 수업 시간에 거론된 토론 주제에 대한 이야기인데요, 혹시 혼전 순결에 대해서 어떤 입자을 가지고 있으신가요?

A3: 다른 사람이 어떻게 하든 그건 상관 안 써요. 저는 무교라서 혼전에는 관계를 가지면 안된다는 그런 생각이 없어요. 그러나 혼전이라도 사랑하지 않는 상대와 관계를 가지는 건 별로인 것 같아요. 그냥 개인적인 생각이에요. 저는 되게 보수적인 편인데 이런 부분은 개방적이에요.(후략)

이 수행평가에 대한 반응은 폭발적이었습니다. 인터뷰 주제를 딱히 제한하지 않았는데, 학생들은 자연스럽게 평소 궁금했던 '성과 사랑' 문제를 주제로 질문을 만들었습니다. '혼전순결, 동성애, 이성

교제 시 신체접촉의 범위, 성소수자 등' 평소 학습자들이 궁금해 하던 요소들을 자연스럽게 이야기할 수 있었기 때문으로 보입니다. 물론 '썸남썸녀'로 불리며 관심은 있어도 선뜻 이야기를 꺼내지 못하던 이성 친구에게 말을 걸어 볼 기회를 제공해준 측면도 아예 없지는 안았고요.

이 주제를 몹시 불편해하던 학생들도 (소수이지만) 있었습니다. '성이 남성과 여성 두 가지만 존재하는 것이 아닌데, 선생님이 나를 여자/남자로 못 박고, 사회적으로 인정된 남성/여성만을 만나라고 하는 것은 억지다'라는 반응이었습니다. 이 학생의 의견은 생물학적인 남/녀 '양성'을 전제로 한 평가에 대한 거부였던 거지요. 이 학생은 결론적으로 생물학적으로 여성이지만 사회적으로 남성으로 살고자 하는 성 정체성을 지닌 친구를 찾아내 인터뷰하였습니다. 이 사건으로, 저와 학생들 모두가 성 정체성에 대해 더욱 깊이 이해하는 기회를 얻게 되었습니다.

3. 〈생활과 윤리〉 세계와 평화 / 평화를 위해 우리 반이 할 일 맞추기

이 주제는 학습자들의 학습 욕구가 컸던 주제는 아닙니다. 수능에 자주 출제되는 주제도 아니고요. 그러나 세계 평화, 작게는 학교나 학급 내에서의 평화를 위해 꼭 필요한 주제라 생각해서 설정하였습니다. 갈등에 대한 이해와 그것을 해결하려는 능력은 언제 어디서나 필요하다는 생각에서요. 학습목표는 거창하게 세우지 않고 교육과정의 성취기준을 이용하여 다음과 같이 가볍게 설정하였습니다.

세계와 평화 학습목표	소극적 평화와 적극적 평화를 구분할 수 있다. 학급을 적극적 평화 실천을 위한 장으로 보고자 시도한다.

하던 대로 1차시는 텍스트 읽기, 2차시는 '정의로운 전쟁은 가능한가?' 등에 관한 토의 3차시는 요한 갈퉁의 평화론, 4차시는 '학급의 적극적 평화 실현을 위해 우리가 할 일 찾아보기' 활동을 진행하였습니다.

〈평화를 위해 우리 반이 할 일 맞추기〉

내용 및 목적	적극적 평화 개념을 현실에 적용하여 익히기 위해 학급 내 눈에 보이지 않는 구조적 폭력 요소를 찾아보고 제거를 위해 구체적으로 할 일을 생각해보는 활동
진행방법	우리 학급의 적극적 평화 실현을 위한 방안 세 가지 적어 칠판에 붙이기(조별) 유사한 방안 끼리 모으고 가장 많이 나온 방안부터 순위 매기기 1-5 순위 방안을 제출한 조에 보상
평가기준	방안에 적극적 평화에 대한 개념이 반영되어 있는가? 방안 구성을 위한 협력이 일어나고 있는가? 실현 가능성이 높은 방안인가? 구체적 행위 형태로 진술된 방안인가? 무임 승차자가 없는가? 담임, 교과 선생님도 함께 할 수 있는 방안인가?

창의성, 타인에 대한 이해와 배려, 개념에 대한 정확한 이해 등을 모두 요구하는 활동이었습니다. 다음은 활동을 통해 제시된 방안들입니다.

〈적극적 평화를 위해 할 일 맞추기 결과〉

서로 안아주기 / 존중하는 말하기 / 자주 환기하기 / 작은 소리로 말하기
한 달에 한 번 학급 단합 활동 하기 / 월별 진행 행사 사전에 확인하기
학급 관련 의사 결정 시 학생들도 결정에 참여하기 / 칭찬 시간 갖기
타인에 대한 지나친 관심 내려놓기 / 나를 더욱 사랑하기 / 선생님께 학생 의견 말씀드리기 등

아쉽게도 아주 창의적이라 할 만한 대안은 나오지 않았습니다. 그런데 특별한 일이 하나 있었는데, 어떤 학급에서 이 시간 활동 중에 학급 평화에 관한 진지한 논의가 일어났습니다. 학급 내의 의사 결정을 주도하는 어떤 세력에 대한 반성적 사고가 일어났고, 문제 해결을 위한 대안들이 쏟아져 나온 겁니다. 다행스러운 것은 물리적 충돌이나 비방 없이 문제를 검토하게 되었고, 실천 가능한 해결 방안들을 이성적으로 찾아보면서, 이른바 '힐링'의 시간을 경험하게 되었습니다.

4. 〈생활과 윤리〉 소수자와 인권 / 인권 포스터 & 상황극 만들기

이 주제는 제 예상과는 다르게 학습자들의 학습 욕구가 높았던 주제입니다. 억압과 자유에 대한 감수성이 기성세대 보다 예민한 것이 아닐까 조심스레 추측해볼 뿐입니다. 저는 개인적으로 이 부분에 시민불복종에 대한 개념을 함께 넣어 구성할까 싶었으나 초점이 흐려진다 싶어 인권 문제만 다루기로 하였습니다. 특히 이 부분은 과감하게 강의를 생략하고 학생들이 느끼는 인권 문제를 극과 포스터 형태로 만들어 발표하는 방식의 수업을 진행하였습니다.

소수자와 인권 학습목표	인권 문제의 다양한 유형에 대해 안다. 인권 존중, 차별과 역차별 등 인권 문제 해결을 위해 노력한다.

〈인권 포스터 & 상황극 만들기〉

내용 및 목적	인권 문제를 직접적으로 경험하기 쉽지 않으므로 간접 경험을 갖고 해결의 의지를 갖도록 다양한 인권 억압 상황을 극과 포스터로 표현
진행방법	조별로 인권 상황극 시나리오 또는 포스터 기획서 만들기 〈1차 평가〉 기획서에 대한 피드백 주기 극 연습 또는 포스터 제작 전체 발표 및 작품에 대한 〈2차 평가〉

평가기준	〈시나리오 또는 기획서〉 인권 문제에 대한 이해가 담겨있는가? 참가자 역할이 고르게 분배되어 있는가? 명확한 상황이 제시되어 있는가? 필요한 소품 등이 명시되어 있는가? 〈극&포스터〉 조원 간의 협동이 일어나고 있는가? 주제의식이 드러나 있는가? 적절한 소품을 활용하고 있는가?

인권 관련 활동은 중학교 때부터 여러 번 했을 것으로 보여 다소 식상한 수업으로 흐를 수도 있겠다 싶었습니다. 때문에 특별한 장치를 마련했습니다. 전문가 작품으로 자극을 준거지요. 예시로 든 것은 신문 전면(양면)광고입니다. 신문을 크게 펼쳤을 때, 담요 사진이 한 장 나오고, 그 밑 꼬리표에 이런 카피가 달려있습니다. '오늘 밤 이 신문은 누군가의 이불이 됩니다.' 노숙자를 돕기 위한 대한적십자사의 후원금 모금 광고였는데요. 관련 작품을 몇 개 보여주고 나니 학생들은 더 이상의 설명을 요구하지 않았습니다.

〈예시 작품〉[21]

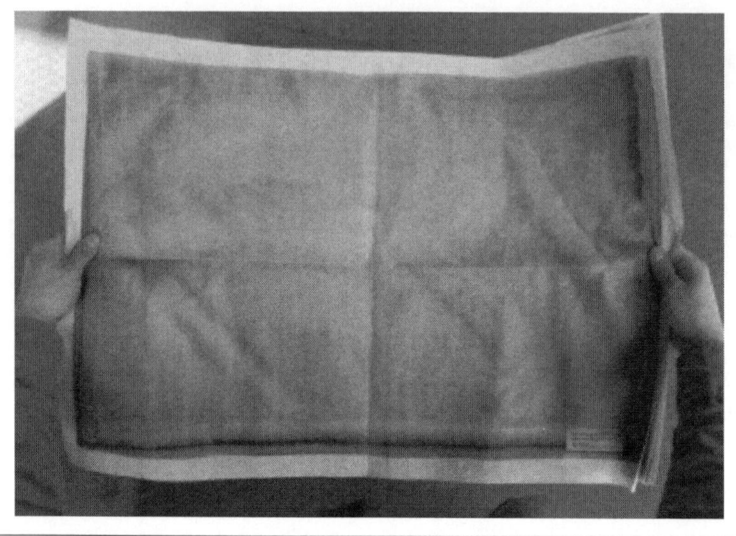

덕분에 학생들도 진지하게 활동에 참여하였고요. 인상적인 작품들이 여러 가지 제시되었습니다. '패스트 푸드 음식점에서 점원'으로 일하며 겪었던 인권 모욕 사례, '유색 외국인 여행객에 대한 차별', '종교 행위에 대한 강요' 등이 그것이었습니다. 다들 학생 자신들의 일상을 작품으로 만들고, 탄탄한 시나리오를 바탕으로 열정적으로 연기해주었습니다. 때문에 학기말 선다형 지필고사 문제에도 수업 중 활동과 연계한 관련 문항을 출제하였습니다.

21) 이제석(2010), 『광고천재 이제석』 학고재 또는 http://www.jeski.org (이제석 광고연구소) 이외에도 환경, 평화, 청년 실업과 관련한 참고할만한 공익광고가 많습니다.

〈관련 선다형 문항〉

15. (가)-(다)에서 공통으로 강조하는 가치를 전달하기 위해 만든 상황극의 내용으로 보기에 적절하지 못한 것은?

(가) 모든 사람은 평등하게 태어났고, 창조주는 몇 개의 양도할 수 없는 권리를 부여받았으며, 그 권리 중에는 생명과 자유와 행복의 추구가 있다.
(나) 인간은 태어나면서부터 자유롭고 평등한 권리를 지닌다. 사회적 차별은 공동 이익을 근거로 해서만 허용될 수 있다.
(다) 전 인류의 모든 성원은 존엄성과 양도할 수 없는 평등한 권리를 가지고 태어났다. 이것을 인정하는 것이 세계의 자유와 정의와 평화의 기초이다.

① 휠체어를 탄 사람이 지하철을 타려하는데, 계단 앞에서 어쩔 줄 몰라 하고 있다.
② 학교 정규 교과목으로 설치된 채플 시간에 참여하지 않고 도서관에서 책을 읽고 있다.
③ 백인 여행객에게는 친절하게 길을 안내해 주는데, 유색인 여행객에게는 퉁명스럽게 대한다.
④ 패스트푸드점 주문 접수 직원에게 카드를 두 손으로 받지 않았다며 반말을 쓰며 욕설을 퍼붓는다.
⑤ 아르바이트를 자리를 얻기 위해 카페에 들렀는데, 주인이 얼굴을 위아래로 훑으며 "미안하지만 안 되겠네"라고 한다.

시험을 마치고, 평소 수업에 집중하지 못했던 어떤 학생이 찾아왔습니다. 패스트푸드점 연기를 했던 학생인데 '저희 이야기를 문제로 내주셔서 고맙다'고 인사를 하고 가더군요. 그러더니 수업 태도도 눈에 띄게 좋아지고, 제 이야기를 귀담아 들어주기 시작했습니다.

5. 〈생활과 윤리〉 생태와 윤리

/ '동물-식물-생태'와의 비폭력 대화

신학적 관점에서의 생태란 '인간 삶을 복되게 누리게 하기 위한 도구'적 성격을 지닌다고 볼 수 있습니다. 그러나 최근 생태학의 관점은 인간의 지위와 생태의 그것을 동일선상에 두거나 혹은 인간 종의 소멸이 생태 전체의 안정성을 위해 더 나은 선택일 수도 있다는 과격한 주장을 보이기도 합니다. 어찌되었든 생태에 대한 논의는 전 세계적 관심사 중의 하나로 가볍게 여길 수 있는 주제는 분명 아닙니다.

제가 이런 이론적인 말씀을 먼저 드리는 이유는 이번 수업의 핵심 가정이 보기에 따라서는 위험한 접근으로 여겨질 수도 있기 때문이데요. 생태, 즉 잘게 쪼개면 동물, 식물, 생태가 인간과 대화 가능한 감정과 의지를 지닌 주체로 가정하였기 때문입니다. 다음은 이 수업 시 설정한 학습 목표입니다.

생태와 윤리 학습목표	탈인간주의의 다양한 세계관을 비교할 수 있다. 환경에 대한 윤리적 배려와 실천의지를 갖는다.

1차시는 텍스트 읽기, 2차시는 '생태중심주의자들은 음식을 먹지 않는가?' 등에 대한 토의 3차시는 '탈인간주의의 다양한 스펙트럼'이라는 강의 4차시는 수행평가 활동을 진행하였습니다. 평가의 주안점은 생태에 대한 관점 변화였습니다. 생태를 도구적 관점으로만

접근하기에 환경 문제가 일어났다고 보아 생태 자체의 내재적 가치에 대해 생각해 볼 수 있는 평가 활동을 진행하였습니다.

〈'동물-식물-생태'와의 비폭력 대화[22]〉

내용 및 목적	동물-식물-생태 환경이 감정과 의지를 지니고 있다는 가정 하에 그들의 감정과 욕구를 읽어주고, 그들의 필요를 채워 줄 수 있는 구체적 실천을 생각해 보며, 배려적 사고 및 생태적 관점을 갖는다.
진행방법	생태위기와 관련한 '인간이 동식물을 대하는 구체적 장면' 상상해보기 내가 식물/동물/생태환경이라면 어떻게 느낄지 생각해 보기 감정 적어보기 표현된 감정은 어떤 욕구와 필요에 의해서 비롯된 것인지 짐작해 보기 식물/동물/생태환경의 욕구(필요)를 채워 주기 위해 할 수 있는 실천 방안 적어보기
평가기준	판단이 아닌 감정 표현을 진술하고 있는가? 감정과 욕구(필요)사이의 논리적 상관관계가 성립하는가? 실천 가능한 방안을 제시하고 있는가? '-하지 않기'가 아닌 '-하기'의 표현을 사용하고 있는가?

매번 그렇지만 평가기준에는 학생들이 원하는 것들도 포함시켰습니다. 특히 이번 활동은 전지에 크레파스로 그림을 그려 활동 했는데요. 위 표에 적지는 않았지만, 학급별로 '예쁘게 꾸몄는가?'등을 기준으로 제안한 반도 있었습니다.

22) 마셜B.로젠버그, 캐서린 한 옮김(2004)『비폭력 대화』한국NVC센터 / 비폭력 대화(Nonviolent Communication)란 마셜 B. 로젠버그에 의해 창안된 대화기법(혹은 삶의 태도와 인간관)으로서 자아와 타인의 욕구를 이해하고 그것을 솔직하게 표현하며 공감적으로 듣는 대화를 특징으로 한다. 모든 인간을 연민의 대상으로 보고자하며, 자기와 관계 대상에 대한 관찰, 느낌 표현하기, 욕구 이해하기, 부탁하기 방식으로 대화를 진행한다.

〈'동물-식물-생태'와의 비폭력 대화 활동 결과1〉

	동물	식물	지구(세계전체)
마음 상태 Feeling	불안감 배고픔 → 화남 짜증 무서움 고독함	목마름 → 답답함 짜증남 고통 심심함	과부하 지침 짜증 고통 슬픔
이들이 원하는 것 Need	충분한 먹이 안전한 서식지	물 햇빛 사랑	사람들의 관심 생태계의 균형 깨끗한 공기
우리가 해줄수 있는 것	동물 보호 캠페인 → 모피 X 동물실험 X 후원금 기부	나무 심기 잔디 밟지 않기 무자비한 채취 X 쓰레기투척 X	대중교통 이용하기 전기 절약하기 일회용품 사용 줄이기

〈'동물-식물-생태'와의 비폭력 대화 활동 결과2〉

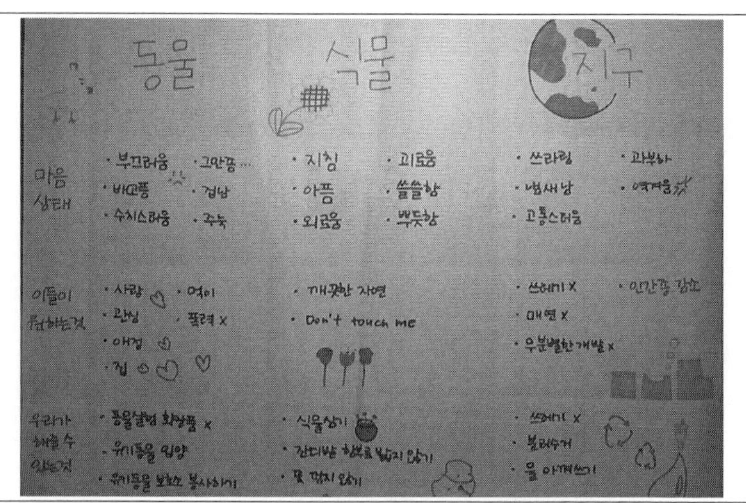

학생들이 비폭력대화에 익숙하지 않았기에 비폭력 대화의 독특방법론을 적용하여 식물, 동물, 생태 환경에 까지 적용하는 것은 쉽지 않았습니다. 특히 '감정표현'과 '판단, 분석'을 혼동하는 학생들이 많았지요. 한국 NVC센터에서 발행한 느낌말 목록표[23]와 욕구 목록표를 들고 다니며 조별로 일일이 설명했던 기억이 납니다.

여기까지가 '두 번째 실패기'에 해당하는 〈2016학년도 2학기 생활과 윤리〉시간에 진행한 비범한 수업과 평가이야기입니다. 수업을 4차시 모듈형으로 구성은 했지만, 들쭉날쭉 이어서 어떤 주제는 3차시, 어떤 주제는 6차시까지 진행한 경우도 많이 있었고요. 평가기준 역시 모호했던 것들이 많았습니다. 여전히 틀을 잡느라 고생했던 시기라 볼 수 있습니다.

23) 한국 NVC센터에서 발행한 한 장짜리 목록표이다. 충족된 욕구-'감동받은, 감격스런...', 충족되지 않은 욕구-'걱정되는, 까마득한...' 따위의 감정과 욕구에 대한 표현이 망라되어 있다.

Ⅳ. 비범한 평가와 비범한 수업 차시별 소개 2부 〈윤리와사상〉

다음 5가지는 2017학년도 1학기 〈윤리와 사상〉 시간에 진행한 수업과 평가입니다. 전 학기에 비해 1주제 4차시 모듈을 잘 지켜내었고요. 학생들의 만족도도 더 높게 나왔던 학기입니다. 구체적인 내용을 말씀드리겠습니다.

1. 〈윤리와 사상〉 인간다움과 나다움 / 나다움, 우리다움 그리기

저는 수업 준비에 앞서 노트를 꺼냅니다. 좀 아날로그해 보이지만 손으로 끄적이면서 생각을 정리하는 것이 익숙해서 그런 듯합니다. 다음은 학기 초 수업 전체를 놓고 고민했던 부분의 노트 사진입니다.

〈2017학년도 수업 노트의 첫 면〉

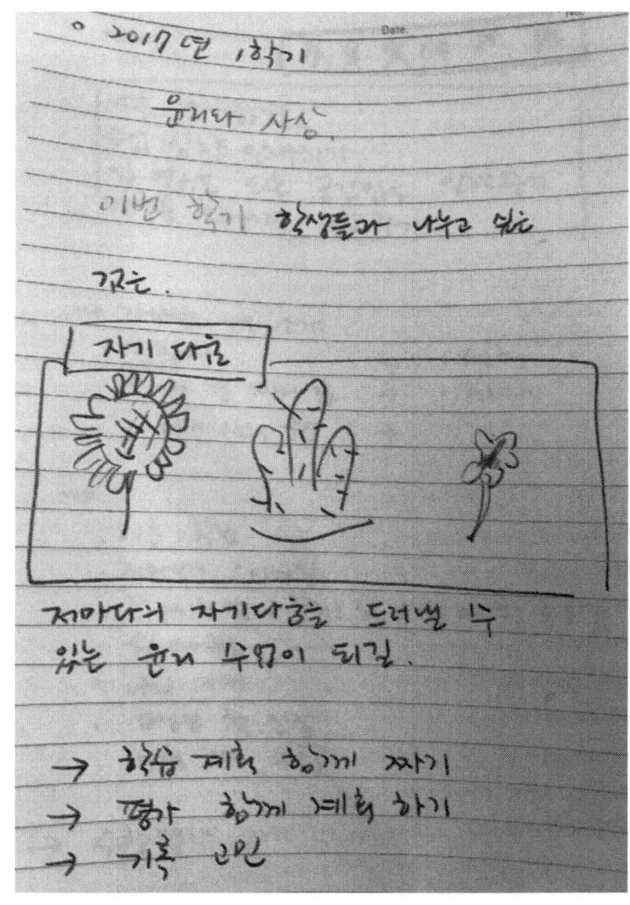

이번 학기 제 마음속에는 자아정체성에 대한 마음이 크게 있어나 봅니다. 그래서 저런 그림까지 그렸던 듯싶고요. 때문에 학기 첫 수업 주제를 인간다움으로 잡아보았습니다.

인간다움과 나다움 학습목표	짐승과 다른 인간의 특성을 이해한다. 나 됨과 우리 됨의 조화에 대해 생각할 기회를 갖는다.

1차시는 교과서 읽기 시간으로, 2차시는 '본능에 충실하면 안 되나', '지금 나의 삶은 인간다운 삶인가' 등의 주제로 토의를 했습니다. 토의는 학생들에게 토의하고 싶은 주제를 받아 자유롭게 토의하는 방식으로 진행하였습니다. 다음은 조별로 자유롭게 제출된 주제를 부착해놓은 사진입니다.

〈'나다움, 우리다움' 토의 시 제출된 토의 주제들〉

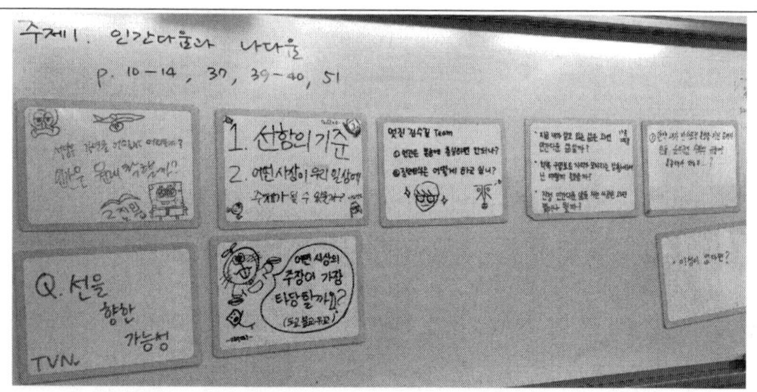

서양은 자연을 어떻게 여겼을까?
인간은 원래 착할까?
선을 향한 가능성
선함의 기준
어떤 사상이 우리 일상에 주제가 될 수 있을까
어떤 사상의 주장이 가장 타당할까요?(도교, 불교, 유교)
인간은 본능에 충실하면 안 되나?

장례식은 어떻게 하고 싶니?
지금 내가 살고 있는 삶은 과연 인간다운 삶일까?
책속 구명보트 자리가 모자라는 상황에서 난 어떻게 했을까?
진정 인간다운 삶을 사는 사람은 과연 몇이나 될까?
만약 내가 반사회적 본성을 지닌 존재라 한들 윤리적인 사회의 규율에 복종해야 하는가?
이성이 없다면?

3차시 강의는 '짐승과 다른 인간의 특징'에 대해 강의하였고요. 드디어 4차시에는 평가시간으로서 '나다움과 우리다움 찾기'라는 활동을 진행하였습니다.

〈나다움, 우리다움 찾기 활동〉

내용 및 목적	좋아하는 것, 잘하는 것 등을 토대로 자신의 특징을 찾아보고 그 것을 토대로 세상에 기여할 수 있는 방법을 찾아본다. 더불어, 자신의 특징과 타인의 특징을 조화할 수 있는 방안을 탐색한다.
진행방법	내가 '좋아하는 것, 잘 하는 것' 찾아서 써 보기 찾은 내용을 토대로 내가 맺을 수 있는 '인생의 열매' 써보기 열매를 맺기 위한 '구체적 실천 방법'써보기 조원의 것을 종합하여 '우리 조'에 대해 써보기
평가기준	깊이 있는 자기 성찰이 담겨있는가? 실현 가능한 구체적 대안인가? 나다움과 우리다움 간의 논리적 상관이 드러나는가? 보편적으로 수용 가능한 도덕적 가치를 담고 있는가? 수행 과정 중 협력이 일어나는가?

학생 활동 전에 평가기준을 안내하려고 노력하였습니다. 이전 학기에 하지 않았던 다음과 같은 슬라이드 자료까지 만들어가면서요. 이전 학기에 약간은 모호한 기준 때문에 학생들이 힘들어 했거든요.

〈'나다움, 우리다움 찾기' 활동 시 사전 안내한 평가 기준〉

[나 다움 우리 다움 생각해보기]

* 평가기준

- 깊이 있는 자기 성찰이 담겨있는가?
- 실현 가능한 구체적 대안인가?
- 나 다움과 우리 다움간의 논리적 상관이 드러나는가?
- 보편적으로 수용가능한 도덕적 가치를 담고 있는가?
- 수행 과정 중 협력이 일어나는가?

깊이 있는 자기 성찰이 담겨있는가?

실현 가능한 구체적 대안인가?

나다움과 우리다움간의 논리적 상관이 드러나는가?

보편적으로 수용 가능한 도덕적 가치를 담고 있는가?

수행 과정 중 협력이 일어나는가?

〈'나다움, 우리다움 찾기' 활동 결과물1〉

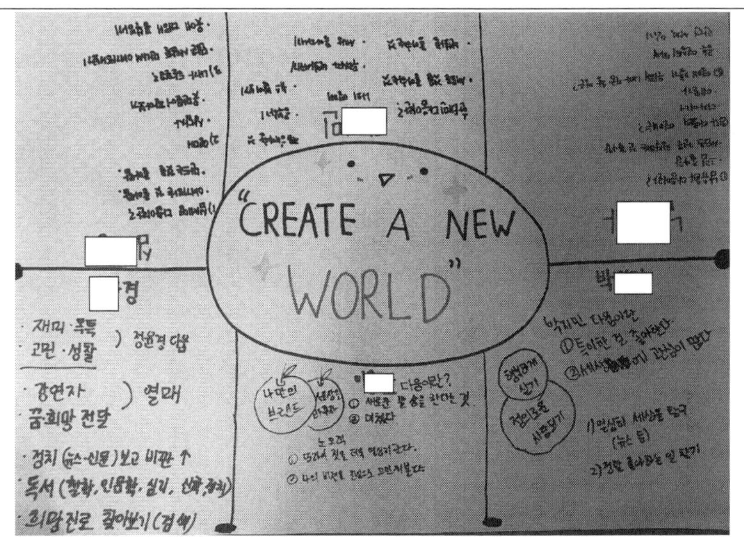

"CREAT A NEW WORLD"

정○○

-재미, 독특, 고민, 성찰 - 정윤경 다움

- 강연자, 꿈 희망 전달 - 열매

- 정치(뉴스,신문)보고 비판하기

- 독서(철학, 인문학, 심리, 신학, 정치)

- 희망진로 찾아보기(검색)

(후략)

〈'나 다움, 우리 다움 찾기' 활동 결과물2〉

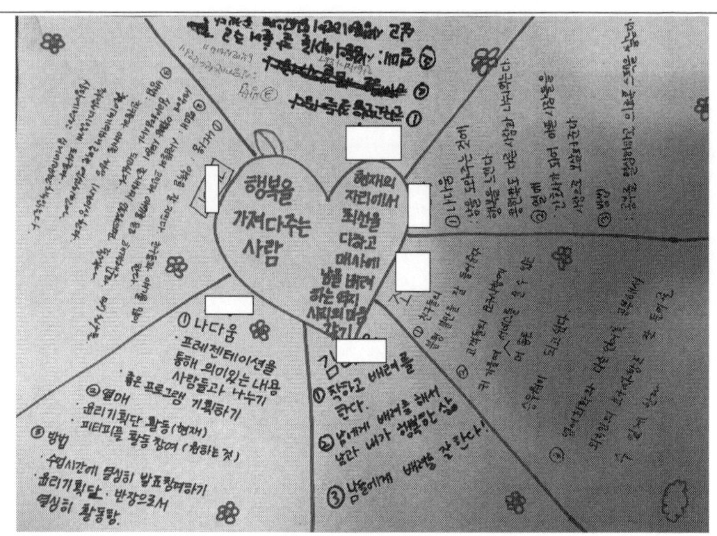

행복을 가져다주는 사람

현재의 자리에서 최선을 다하고 매사에 남을 배려하는 역지사지의 마음 갖기

최○○

① 나다움

- 프레젠테이션을 통해 의미 있는 내용 사람들과 나누기
- 좋은 프로그램 기획하기

② 열매

- 윤리 기획단 활동(현재)
- 피티피플 활동 참여(원하는 것)

③ 방법

- 수업 시간에 열심히 발표 참여 하기
- 윤리기획단, 반장으로서 열심히 활동함

(후략)

수업을 마치고 나서, '활동이 학습 목표 도달에 적절했을까?' 라고 자문했을 때, 확신이 들지는 않았습니다. 제 의도와 활동 방법을 설명하는 게 생각보다 힘들어서 학생들이 혼란스러워하는 것처럼 보였거든요. 근데, 이게 웬일? 학기말 성찰 시간에 이 시간이 기억에 남았다는 학생들이 꽤나 있었습니다. 덕분에 슬며시 웃을 수 있었습니다.

2. 〈윤리와 사상〉 유가, 도가 윤리 / 노자, 공자 선거 포스터 그리기

2017년 봄은 유래 없는 대통령 보궐선거로 전국이 뜨거웠습니다. 때문에 수업과 평가 방법으로 어찌되었든 선거와 관련한 활동을 하는 것이 효과적이라고 판단했습니다. 고대 중국 사상인 유가와 도가의 사상에 '선거'의 옷을 입힌 이유는 그 때문이었습니다.

유가 도가 윤리 학습목표	공자 노자 사상의 주요 내용과 특징을 비교 할 수 있다. 사상이 적용된 현실 문제 해결을 위한 정책을 마련해 본다.

보시는 것처럼 딱히 정의적인 접근을 포함하지는 않았습니다. 하던 대로 1차시는 텍스트 읽기, 2차시는 토의, 3차시는 공자와 노자 사상에 대한 강의를 하였을 뿐입니다. 4차시는 노자 공자가 대선에 출마했다는 가정으로 선거 포스터 그리기를 진행했습니다. 사상이

반영된 정책을 만들어 내는 것이 핵심 과제였고요. 정치, 사회, 문화 모든 정책을 만드는 것은 무리라고 보았습니다. 그래서 학생들의 삶과 연계된 문제인 '교육정책', 한창 북미간의 긴장이 고조되던 때라 '외교국방정책' 두 분야에 한정해서 정책을 만들 것을 주문했습니다.

〈공자, 노자가 선거에 출마한다면? 선거 포스터 그리기 활동〉

내용 및 목적	고대 동양 사상을 깊이 있게 이해하고 현실에 적용하기 위해 정책을 생각해보고 선거 포스터 형태로 표현
진행방법	정책 개발 순서 안내 (개선점 찾기 - 문제 원인 분석 - 해결 방안 제시) 정책들을 핵심 선거 구호로 만들기 정책과 핵심 선거 구호를 포스터 형태로 만들기 선거 유세 방식으로 발표하기 자기 조 아닌 작품에 투표하기
평가기준	제시된 정책에 유가, 도가의 사상이 적절하게 담겨있는가? 정책과 선거 구호상의 논리적 연관이 성립하는가? 자신감 있는 태도로 발표하고 있는가? 정책 개발과 포스터 작성 시에 협력이 일어나고 있는가?

〈포스터 만들기 활동 사진〉

〈포스터 만들기 활동 결과물1〉

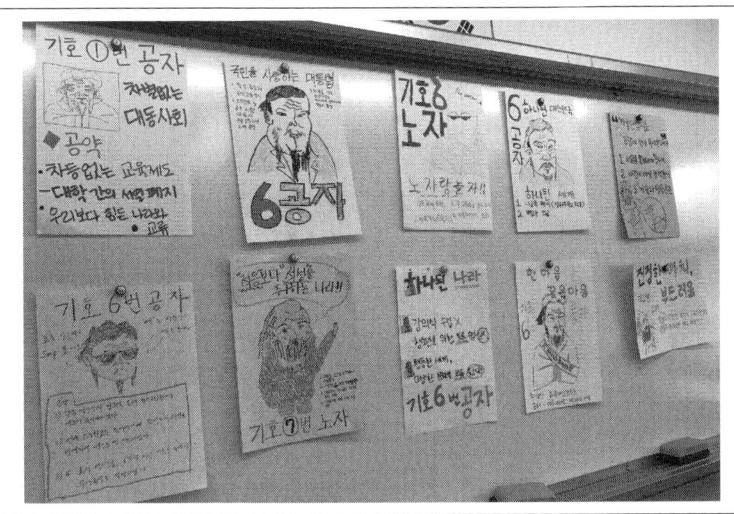

〈포스터 만들기 활동 결과물2〉

인지적 학습이 중요하게 여겨지는 학습 주제이고, '옛날 이야기'라 학생들이 별로 달가워하지 않는 주제인데, 국민적 관심을 받았던 대통령 선거라는 시대의 도움(?)을 받아 즐겁게 활동할 수 있었습니다.

3. 〈윤리와 사상〉 불교 윤리 / 인연생기 게임

공부 잘 하고 싶지 않은 학생이 어디 있겠느냐마는 가끔은 정도가 지나쳐 '집착'을 보이는 학생들이 있습니다. 공부 아닌 다른 삶의 방법을 생각하지 않고 오직 공부와 성적에만 빠져드는 거지요.

불교윤리를 주제로 정하며 목표로 삼았던 것은 그 점과 관련 있습니다. '지나친 긴장으로부터의 이완', '집착하고 있다는 것에 대한 깨달음' 등을 학생들이 느껴보길 바랐습니다.

불교 윤리 학습목표	불교 사상의 특징에 대해 이해한다. 집착과 욕망에 대한 반성적 사고를 갖는다.

1차시는 텍스트 읽기, 2차시는 '굳이 깨달음을 얻어야 하는가?', '불교와 도교의 공통점' 등에 대해 토의하였습니다. 아래는 어떤 학급에서 제출된 토의 주제를 모아놓은 사진입니다.

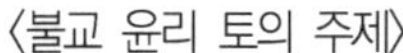
〈불교 윤리 토의 주제〉

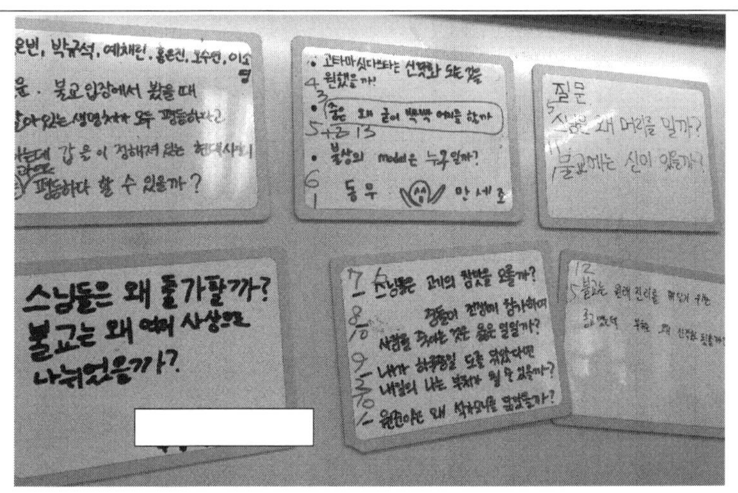

불교 입장에서 봤을 때 살아있는 생명체가 모두 평등하다고 하는데 갑을이 정해져 있는 현대사회에서 과연 평등하다 할 수 있을까?

스님들은 왜 출가할까?

불교는 왜 여러 사상으로 나뉘었을까?

스님들은 고기의 참맛을 모를까?

중들이 전쟁이 참가하여 사람을 죽이는 것은 옳은 일일까?

내가 하루 종일 도를 닦았다면 내일의 나는 부처가 될 수 있을까?

중은 왜 굳이 빡빡머리를 할까?

불상의 MODEL은 누구일까?

불교는 원래 진리를 깨닫기 위한 종교였는데 부처는 왜 신격화됐을까?

(후략)

텍스트 읽기 후, 조별로 궁금한 것들을 미니칠판에 적은 뒤 중앙 칠판에 붙여 놓은 사진입니다. 질문들 옆의 빨간 숫자는 질문 일련 번호, 파란 숫자는 그 주제를 토의해보고 싶다고 손 든 사람의 숫자입니다. 물론 반별로 모두 다르게 진행됩니다.

3차시는 제가 '사성제, 삼법인' 등을 토대로 불교 사상의 핵심을 강의했고요. 4차시는 '인연생기 게임'이라 이름붙인 야외 조별 활동을 진행하였습니다.

〈인연생기 게임〉[24]

내용 및 목적	1번부터 30번 까지 숫자가 적힌 패드를 조원들이 협동하여 터치함을 통해 조원끼리의 협력을 경험하게 되고, 시간 단축을 위한 아이디어를 내면서 사태를 통찰하는 시각을 기름
진행방법	준비물 : 크기가 다른 숫자패드 30개, 지름 4m 정도의 원을 만들 수 있는 로프(숫자 패드는 홀수와 짝수를 구분하여 만든다. 홀수 패드는 지름이 5cm부터 - 50cm 가 되게끔 점점 작게, 짝수는 역으로 50cm부터 점점 크게 만든다.) 게임목표와 유의사항 : 숫자 패드를 최대한 빠른 시간에 1-30까지 순서대로 터치하고 나오기, 단 원 안에는 한 명만 들어갈 수 있고, 패드가 놓인 위치를 바꿀 수 없다. 게임준비 : 지름이 4미터 정도 되는 원 안에 1-30까지 숫자가 적힌 패드를 놓는다. 학생들이 그 위치를 모르게 둔다.(두는 위치가 중요함 : 원의 반을 적당히 구분하여 왼쪽에는 짝수를 오른쪽에는 홀수를 둔다. 작은 수는 원의 안쪽 큰 수는 바깥쪽에 둔다.) 게임실행 : 학생들에게 게임목표만을 설명하고 제한시간 내에 돌아와야 함을 설명한다. 기회는 한 조당 5번씩 주고 가장 우수한 기록으로 채점한다.
평가기준	주어진 시간 내(40초)에 과제를 수행하였는가?

24) 이 게임은 제가 다니는 교회에서 공동체 훈련으로 시행했던 게임이었습니다. 불교와는 전혀 관련 없는 게임이나, 불교 윤리의 핵심을 설명하기에 적합하다고 판단해 각색하여 이용하였습니다. 원저작자는 모르겠습니다.

한 학급을 세 개 조(조별로 13명 안팎)로 나누어 게임을 진행했고요. 학생들은 야외수업이라니 다들 신나하며 참가했습니다. 저 역시 레크레이션 강사인 양 목에 힘을 주고 분위기를 북돋우었고요.

이 게임에 처음 하게 되면 학생들은 일단 우르르 달려가서 가장 빠른 학생 한 명을 원 안에 들여보냅니다. 그리고 그 친구를 재촉하며 번호를 만지라고 요구하지요. 서로 '몇 번이 여기 있네 저기 있네' 외치며 찾기 바쁜 겁니다. 그런데 이런 식으로는 아무리 많은 사람이 많이 몰려가도 40초 벽을 깨기 어렵습니다. 생각 없이 하다 보면 서너 번을 해도 기록에 큰 변화는 없게 됩니다. 이 때 이 게임의 이름이 '인연생기'임을 떠올리게 하며 '세상 모든 것이 연결되어 있다', '집착하지 말아라' 등의 메시지를 흘려줍니다.

그러면 학생들이 삼삼오오 모여서 '일단 움직이기'보다 '생각'을 시작합니다. 게임을 깰 수 있는 열쇠를 찾기 시작하는 거지요. 힌트는 게임의 이름. 이때부터 깨달음을 얻은 학생들이 나오기 시작합니다. '혼자서는 안 되니 같이 가서 외워보자', '원 안에 꼭 한 사람만 들어갈 필요는 없으니 번갈아 들락거리자', '기회는 여러 번이니 서두르지 말고 천천히 가서 패드의 위치를 외우자', '패드가 놓인 원리가 있을지도 모르니 그것을 찾아보자' 등.

곧 '혼자는 할 수 없다'와 '해내야겠다는 집착으로부터 벗어나자'라는 깨달음을 얻게 됩니다. 그러면서 자연스럽게 불교윤리의 핵심을 이해하게 되는 거지요. 이 수행평가는 이번 학기 진행했던 평가 중 가장 기억에 남은 수행평가 베스트로 꼽혔던 평가였습니다. 재미, 학습내용이해, 성찰과 깨달음이 모두 들어있었기 때문인 듯합니다.

〈인연생기 게임 숫자 패드〉

수업 사진은 없고, 숫자 패드 만들 때 찍어두었던 사진만 있네요. 학생들이 즐거워했던 주제였던 만큼 그냥 넘기기 아쉬워 지필 고사 때 다음과 같이 선다형 문항으로도 만들어 보았습니다.

〈관련 선다형 문항〉

17. 다음은 어떤 게임을 설명하고 있는 선생님의 말이다. 선생님의 말 중 잘못된 것을 모두 고른 것은?

> 오늘은 '인연생기'게임을 해보도록 하겠습니다. 거대한 원 안에 있는 숫자 1-30을 순서대로 터치하고 나오면 되는 게임입니다. 잘 알다시피 인연생기란 ㄱ. 모든 사물이 서로 원인과 결과로 연결되어 있다는 근본불교의 사상이지요. 그러니 여러분께서는 ㄴ. 서로가 연결되어있음을 잘 인식하면서 서로 도와 게임을 진행하기 바랍니다. 더불어 게임에 담겨있는 여러 의미도 찾아보기 바랍니다. ㄷ. 특히 빨리 해내야 겠다는 집착을 버리는 것이 중요하겠습니다. ㄹ. 그 밖에도 게임에 임하는 실체로서의 내 모습도 잘 찾아보기 바랍니다. 자 그럼 시작해 볼까요?

① ㄱ, ㄴ ② ㄱ, ㄹ ③ ㄴ, ㄷ ④ ㄷ ⑤ ㄹ

4. 〈윤리와 사상〉 공리주의 / 공리주의 스피드 게임

학기 초 배우고 싶은 것 말하기 활동 중 꽤나 많이 나온 것이 '행복'이었습니다. 이 주제를 어떻게 다룰까 하다 개인 행복과 집단 행복의 조화라는 이름으로 공리주의 단원에서 다루기로 하였습니다.

공리주의 학습목표	윤리적 판단 기준으로서 공리주의의 특징에 대하여 안다. 공리주의 행복관에 대하여 비판적으로 검토할 수 있다.

1차시는 텍스트 읽기, 2차시는 토의('다수의 행복을 위한 소수의 희생은 정당화 될 수 있는가?' 등), 3차시는 벤담과 밀의 고전적 공리주의에 대한 강의, 4차시는 공리주의의 주요 개념들을 익히기 위한 조별 스피드 게임을 진행하였습니다.

〈공리주의 토의 주제〉

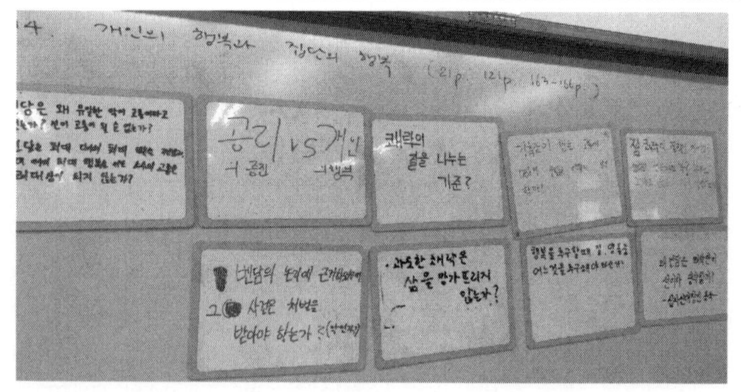

벤담은 왜 유일한 악이 고통이라고 했는가? 선이 고통이 될 순 없는가?
벤담은 최대 다수의 최대 행복을 주장했는데 다수의 행복을 위한 소수의 고통은

고려 대상이 되지 않는가?

공리의 증진 VS 개인의 행복

쾌락의 질을 나누는 기준

과도한 쾌락은 삶을 망가뜨리지 않는가?

(후략)

〈공리주의 스피드 게임〉

내용 및 목적	공리주의 관련 개념들을 즐겁게 익히기 위해 플래시 카드에 적힌 관련 개념을 설명하여 시간 내에 특정 개수 이상을 맞춘 팀에게 점수로 보상
진행방법	개념이 적힌 슬라이드를 칠판에 투사 10분간 조별 학습 조별로 돌아가며 플래시 카드를 넘기며 스피드 퀴즈 실행 조원 모두가 번갈아 가며 맞추기, '패스 찬스'는 조당 2회씩만 부여
평가기준	주어진 시간 내(40초)에 과제를 수행하였는가?

〈공리주의 스피드 게임을 위해 제시된 개념 슬라이드〉

윤리	공리주의/utilitarianism	고전적 공리주의	양적 공리주의	Jeremy Bentham	공리/utility
	목적론적 윤리설	쾌락적 공리주의			최대행복의 원리
	쾌락주의적 윤리설	행위 공리주의			공리의 원리
	상대론적 윤리설	적극적 공리주의			최대다수의 최대행복
	결과론적 윤리설				쾌락계산법
	쾌락주의 행복론		질적 공리주의	John stuart Mill	배부른 돼지....
	주정주의				
		현대 공리주의		Peter Singer	이익평등고려의원칙
		비쾌락적 공리주의			종차별주의
		규칙공리주의			
		소극적 공리주의			

개념을 깊이 있게 익히기 위한 학습이 일어나길 기대했으나 처참히 망했습니다. 학생들이 뜻도 모른 채 말만 외우려 들었기 때문입니다. 심지어 전 시간에 꼼꼼하게 강의를 마친 내용이었음에도 그런 일이 벌어져 깊은 충격을 받았던 수업 주제였습니다.

수업을 마치고 나면 반별로 간단하게 수업에 관한 메모를 남겨두는 편입니다. 메모 작성은 주로 제가 하는 편인데, 이 수업 주제 때부터 적극적으로 학생들에게 메모 작성을 넘겼습니다. 수업이 끝나면 쉬는 시간 1-2분을 활용해 오늘 수업이 어땠는지 제 노트에 쓰게 한 거지요. 공리주의 강의가 끝났던 3차시와 수행평가로서 스피드 게임이 끝났던 4차시를 각각 비교해 보시지요.

〈공리주의 3차시 '강의' 후 노트〉

7 오늘 공리주의를 설명해주셨는데 나도 처음 공리주의가 공공의 이익을 중시한다는 의미인줄 알았는데 쌤이 오개념을 바로잡아 주셔서 이해에 많은 도움이 되었고 이해가 안된 부분에서도 예시를 잘 들어주셔서 잘 이해할수 있었다

8 오늘 수업을 통해 고전 공리주의와 현대 공리주의의 차이점에 대해 알게 되었습니다. 무조건 쾌락만을 중요시하는게 좋은 것이 아니라 현대에 와서 더 좋게 보완되어 발전한 것을 알게되었습니다. 오늘 [illegible]

9 오늘 공리주의를 배우면서 벤담과 밀의 고전 공리주의와 공리주의 계보를 배우면서 감정을 중시하는 상대주의와 이성을 중시하는 절대주의의 차이에 대해 알게되었다. 쌤이 친구들 불러 앞에서 설명해주셔서 평소 공리주의보다 더 재미있었고 졸리지 않고 쉽게 이해할 수 있었다.
오늘 진짜 재미있었어요! < 다음부터 해야함 >

10 오늘 공리주의에 대한 다양한 측면에 대해 배웠다 그리고, 그 공리주의에 대한 평가와 문제점도 배우면서 쾌락만을 쫓는 삶에 대해 생각해보게 되었다. 선생님께서 다양한 예시를 들어주셔서 이해가 잘되었고, 아이들도 재미있고 집중도 있게 수업에 참여할 수 있었던 것 같다.

11 공리주의에 대해서 쌤이 강의해주시는 시간이었는데 수업에 방해되는 친구들은 없었고 무난하게 진행되었던것 같다. 끝나고 자도 쓰러지겠다 많이 피곤했나보다ㅜㅜ

12 오늘한 수업중에서 가장 기억에 남는것은 벤담의 공리주의였다. 개인의 행복보다 집단의 쾌락이 선이라는게 잘 받아들여지지 않았던것 같다.
오늘 강의식 수업이었는데 많은 아이들이 졸지 않고 수업을 끝까지 들은것 같아서 왠지 모르게 내가 기분이 좋았다.
앞으로도 계속 이런분위기가 유지되기를!!!

7 오늘 공리주의를 설명해주셨는데 나도 처음 공리주의가 공공의 이익을 중시한다는 의미인줄 알았는데 쌤이 오개념을 바로잡아 주셔서 이해에 많은 도움이 되었고 이해가 안 된 부분에서도 예시를 잘 들어주셔서 잘 이해할 수 있었다

8 오늘 수업을 통해 고전 공리주의와 현대 공리주의 차이점에 대해 알게 되었습니다. 무조건 쾌락만을 중요시 하는 게 좋은 것이 아니라 현대에는 더 좋게 보완되어 발전한 것을 알게 되었습니다. 오늘 안 지루했어요.

9 오늘 공리주의를 배우면서 밴덤과 밀의 고전 공리주의와 공리주의 계보를 배우면서 감정을 중시하는 상대주의 이성을 중시하는 절대주의의 차이에 대해 알게 되었다. 쌤이 친구를 불러 앞에서 설명하셔서 평소 윤리수업보다 오늘 진짜 재미있었어요!〈5번부터 해야 함〉

10 오늘 공리주의에 대한 다양한 측면에 대해 배웠다. 그리고 그 공리주의에 대한 평가와 문제점도 배우며 쾌락만을 쫓는 삶에 대해 생각해보게 되었다. 선생님께서 다양한 예시를 들어주셔서 이해가 잘 되었고, 아이들도 재미있고 집중도 있게 수업에 참여할 수 있었던 것 같다.

11 공리주의에 대해서 쌤이 강연해주시는 시간이었는데 수업에 방해되는 친구들은 없었고 무난하게 진행되었던 것 같다. 끝나고 다들 쓰러져 잤다. 많이 피곤했나보다. ㅜㅜ

12 오늘 한 수업 중에서 가장 기억에 남는 것은 벤담의 공리주의였다. 개인의 행복보다 집단의 쾌락이 선이라는 게 잘 받아들여지지 않았던 것 같다. 오늘 강의식 수업이었는데 많은 아이들이 졸지 않고 수업을 끝까지 들은 것 같아서 왠지 모르게 내가 기분이 좋았다. 앞으로도 이런 분위기가 유지되기를!!!

〈공리주의 4차시 '스피드 게임' 후 노트〉

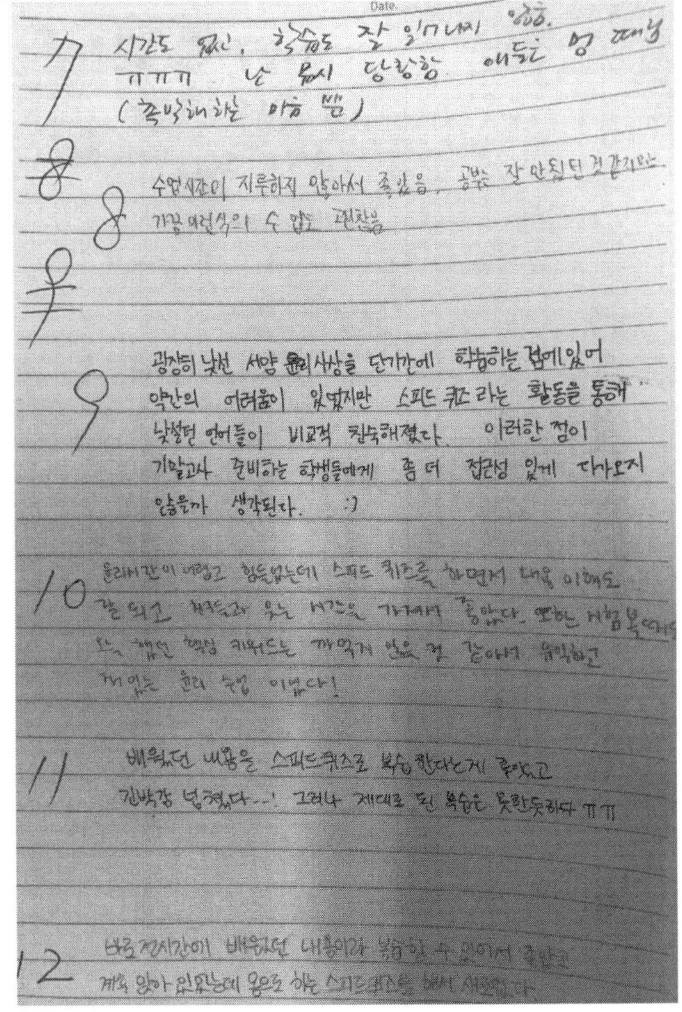
Date.

7 시간도 없고, 학습도 잘 일어나지 않음. ㅠㅠㅠ 난 몹시 당황함. 애들은 멍 때림 (촉박해하는 마음 뿐)

8 수업시간이 지루하지 않아서 좋았음. 공부는 잘 안됐던 것 같지만 가끔 이런식의 수업도 괜찮음

9 굉장히 낯선 서양 윤리사상을 단기간에 학습하는 점에 있어 약간의 어려움이 있었지만 스피드 퀴즈라는 활동을 통해 낯설던 언어들이 비교적 친숙해졌다. 이러한 점이 기말고사 준비하는 학생들에게 좀 더 접근성 있게 다가오지 않을까 생각된다. :)

10 윤리시간이 어렵고 힘들었는데 스피드 퀴즈를 하면서 내용 이해도 잘 되고 친구들과 웃는 시간을 가져서 좋았다. 또한 시험 볼 때에도, 했던 핵심 키워드는 까먹지 않을 것 같아서 유익하고 재미있는 윤리 수업이었다!

11 배웠던 내용을 스피드퀴즈로 복습한다는게 좋았고 긴박감 넘쳤다..! 그러나 제대로 된 복습은 못한듯하다 ㅠㅠ

12 바로 전시간에 배웠던 내용이라 복습할 수 있어서 좋았고 계속 앉아 있었는데 몸으로 하는 스피드퀴즈를 해서 재밌었다.

7 시간도 없고, 학습도 잘 일어나지 않음. ㅠㅠㅠ 난 몹시 당황함. 애들은 멍 때림(촉박해하는 마음 뿐)

8 수업시간이 지루하지 않아서 좋았음. 공부는 잘 안됐던 것 같지만 가끔 이런

식의 수업도 괜찮음

9 굉장히 낯선 서양 윤리 사상을 단기간에 학습하는 점에 있어 약간의 어려움이 있었지만 스피드 퀴즈라는 활동을 통해 낯설던 언어들이 비교적 친숙해졌다. 이러한 점이 기말고사 준비하는 학생들에게 좀 더 접근성 있게 다가오지 않을까 생각된다.

10 윤리 시간이 어렵고 힘들었는데 스피드 퀴즈를 하면서 내용 이해도 잘 되고 친구들과 웃는 시간을 가져서 좋았다. 또한 시험 볼 때도 오늘 했던 핵심 키워드는 까먹지 않을 것 같아서 유익하고 재밌는 윤리 수업 이었다!

11 배웠던 내용을 스피드퀴즈로 복습한다는 게 좋았고 긴박감 넘쳤다. 그러나 제대로 된 복습은 못한 듯하다. ㅠㅠ

12 바로 전 시간에 배웠던 내용이라 복습 할 수 있어서 좋았고 계속 앉아 있었는데 몸으로 하는 스피드퀴즈를 해서 새로웠다.

보시는 것처럼 첫 번째 노트는 보기도 정갈하고, 뭔가 학습이 일어난 흔적이 보입니다. 반면 4차시 활동 후에는 좋은 내용도 있지만 눈여겨 볼 부분이 몇 군데 있습니다. 특히 8, 9, 11반 노트인데요. '제대로 복습은 못한 듯 ㅠㅠ', '단기간 학습의 어려움', '공부는 안 되었던 같지만' 등의 표현을 보면 실질적인 학습이 일어났다고 보기는 어려워 보입니다.

'죽은 아이 이 센다' 싶었지만, 지필 평가에 수업 장면을 다시 넣어보았습니다. 정답율이 76.37%로 상대적으로 높게 나타났는데, 스피드 게임의 효과인지, 난이도 효과인지를 정확히 분별하기는 어려워 보입니다.

〈관련 선다형 문항〉

16. 다음은 스피드 게임에서 '공리(功利)'를 설명하는 어떤 학생의 말이다. ㄱ-ㄹ 중 정확한 설명을 모두 고른 것은?

> 아! 답답해 그거 몰라? ㄱ. 벤담이 말한 거.. '영'.. '영'.. 그러니까 ㄴ. 'utility를 우리말로 번역한 거'.. ㄷ. '쾌락이 개인적으로 늘어나는 거'. 아.. 아... 뭐더라.. ㄹ. '집단 내 쾌락 양의 전체 합' 우씨...ㅠㅠㅠ 우리 그냥 패쓰할까?

① ㄱ, ㄴ, ㄹ ② ㄱ, ㄷ, ㄹ ③ ㄴ, ㄷ, ㄹ ④ ㄴ, ㄹ ⑤ ㄷ, ㄹ

5. 〈윤리와 사상〉 분배정의 / 실신청년에게 보내는 청와대의 편지

비범한 평가와 수업의 마지막 주제입니다. 학생들이 수업 중에는 계층적 사회구조를 배경으로 한 게임인 '냉혹하고 처절한 인생게임' 때문에 열광했고, 수행평가 시에는 '실신청년에게 보내는 청와대의 편지' 때문에 우울해하면서도 깊이 생각할 시간을 가졌던 주제였습니다. 이론적으로 존 롤즈의 정의론을 바탕으로 수업을 진행하였고요. 다음과 같이 목표를 설정하였습니다.

분배정의의 학습목표	존 롤즈의 분배 정의에 대해 이해한다. 정의로운 사회 구현을 위한 구체적인 실현 방법을 생각해본다.

이 주제는 텍스트 읽기 없이 '처절하고 냉혹한 인생 게임'으로 1차시를 대신하였고, 2차시 토의 후에 3차시 각종 정의 이론에 대한

강의, 4차시 수행평가 활동으로서 '청와대에서 쓰는 정책 편지 만들기' 활동을 진행하였습니다. 우선, 1차시 '처절하고 냉혹한 인생게임'에 대해 먼저 말씀드리겠습니다.

〈처절하고 냉혹한 인생 게임〉

내용 및 목적	타고난 사회적 지위가 성취에 영향을 주게끔 설계된 미니 게임을 즐기면서 현실에 대한 반성하고, 정의로운 사회를 만들기 위한 의지를 갖게 하려는 활동
진행방법	게임 판 배부 및 게임 설명 1. 역할분배: 기업체 CEO아들, 판사 아들, 교사 아들, 고아 네 캐릭터 중 한 명을 뽑기로 정함 2. 게임방법 안내 : 가위바위보 승자만이 한 칸 씩 전진, 골인 지점(총 40칸)에 도착하면 게임 종료 3. 제한사항 안내 : 역할에 따라 가위바위보 이겼을 시 움직일 수 있는 칸은 기업체 CEO아들 4칸, 판사 아들 3칸, 교사 아들 2칸, 고아 1칸 게임 실행 게임 룰 조정 : 불공정한 게임이므로 어떤 캐릭터를 갖게 되어도 공정한 게임이 되도록 규칙 조정 및 추가 (단, 제한사항은 그대로 유지) 게임 다시 실행 참가 소감 발표

〈게임 참여 모습〉

〈수업 참가 후 소감〉

7 친구들과 다같이 할 수 있는 쉽고 재미있는 게임을
우리현실에 대입해서 할 수 있는 게임이라 아무래도
쉽고 친구들도 다 같이 참여할 수 있는 시간이라
좋았고 앞으로 이런 시간이 많았으면 좋겠다

8 생소한 이름이었지만 게임이라서 신난 아이들. 처음에는 게임의 참뜻을 알지못하고
무작정 진행하며 재미를 추구했지만 게임속에 반영된 우리나라의 현실이
상당히 속상하고 소름이 끼쳤다. 모두가 평등한 사회라고 이야기들 하지만 아직 실상은
그렇지않다고 생각한다. 가벼운 게임을 통해 세상을 알게되어 더좋은세상이 되었으면
좋겠다.

9 처음 이 게임을 하였을 땐 무작정 웃으면서 (모두가) 즐거워했었다. 그러나 게임이
끝나고 우리나라 현실에 빗대어 보니 마냥 웃을수만은 없었다. 모두가 공정하게
진행하기 위하여 몇 가지의 조건을 추가하려니까 어려움이 적지않아 있었고,
이러한게 우리나라 현실이라는 걸 생각하니 막막했던 것 같다. 그래도 반
친구들의 역전된 모습을 보니 우리가 세상을 조금씩 바꿔가면 더 나은 세상이 되지
않을까 싶었다.

10 얼마전 (작년) 정부에 대한 많은 사건이 있은뒤로, 우리에게 좋여 와- 닿을 수 있는
권력인의 인물부터, 고아까지 현실적인 세상의 급을 게임에 도입하여 규칙대로 게임 해서
권력인의 아들, 즉 금수저가 게임을 이김을 알 수 있었다. 반면 룰을 바꿀시 게임 승자가 바뀔 수
있음 또한 증명 되었다. 현실은 비록 금수저 일수록 잘되지만, 노력하며 우리가 금수저보다 잘 살 수 있는
사회를 만들기 위해서는 세상의 의도가 보인다.

11 무서운 보드게임을 진행: 처음에는 모두 마다 전진 할 수를 달리 하여
진행 → 두번째 판에는 각자 새로운 규칙을 적용해서 진행
☺ 현실의 잔인함을 느낄 수 있었음. 후에 규칙을 다시 정했을 때
역전의 짜릿함도 느낄 수 있었음.

12 처참하고 냉혹한 인생게임을 하였는데 처음에는 아무렇지 않게
재밌게 하다가 게임을 끝내고 나니까 선생님이 이게임을 왜 진행
하신건지 딱 알수 있었다. 현실과 너무 똑같아서 소름이 돋았고
현실의 냉혹함을 알수 있었다. 애들이 다들 느낀점이
많았을것 같아서 참 현실을 알기에 좋은게임인것 같다.

7 친구들과 다 같이 할 수 있는 쉽고 재미있는 게임을 우리 현실에 대입해서 할 수 있는 게임이라 이해도 쉽고 친구들도 다 같이 참여할 수 있는 시간이라 좋았고 앞으로 이런 시간이 많았으면 좋겠다.

8 생소한 이름이었지만 게임이라서 신난 아이들. 처음에는 게임의 참뜻을 알지 못하고 무작정 진행하며 재미를 추구했지만 게임 속에 반영된 우리나라의 현실이 상당히 무섭고 소름이 끼쳤다. 모두가 평등한 사회라고 이야기들 하지만 아직 실상은 그렇지 않다고 생각한다. 가벼운 게임을 통해 세상을 알게 되어 더 좋은 세상이 되었으면 좋겠다.

9 처음 이 게임을 하였을 땐 무작정 웃으면서 모두가 즐거워했었다. 그러나 게임이 끝나고 우리나라 현실에 빗대어 보니 마냥 웃을 수만은 없었다. 모두가 공정하게 진행하기 위하여 몇 가지의 조건을 추가하려니까 어려움이 없지 않아 있었고, 이러한 게 우리나라 현실이라는 걸 생각하니 막막했던 것 같다. 그래도 반 친구들의 역전된 모습을 보니 우리가 세상을 조금씩 바꿔 가면 더 나은 세상이 되지 않을까 싶었다.

10 얼마 전(작년) 정부에 대한 많은 사건이 있은 뒤로 우리에게 좀 더 와 닿을 수 있는 권력인의 인물부터 고아까지 현실적인 세상의 급을 게임에 도입하여 규칙대로 게임할 시 권력인의 아들, 즉 금수저가 게임을 이김을 알 수 있었다. 반면 룰을 바꿀시 게임 승자가 바뀔 수 있음 또한 증명되었다. 현실은 비록 흙수저 일수록 힘들지만 노력하여 우리가 흙수저 또한 잘 살 수 있는 사회를 만들기를 바라는 쌤의 의도가 보인다.

11 무서운 보드게임을 진행 : 처음에는 말마다 전진 칸 수를 달리하여 진행 → 두 번째 판에는 각자 새로운 규칙을 적용해서 진행.(웃는 얼굴) 현실의 잔인함을 느낄 수 있었음. 후에 규칙을 다시 정했을 땐 역전의 짜릿함을 느낄 수 있었음.

12 처절하고 냉혹한 인생 게임을 하였는데 처음에는 아무렇지 않게 재밌게 하다

가 게임을 끝내고 나니까 선생님이 이 게임을 왜 진행 하신건지 딱 알 수 있었다. 현실과 너무 똑같아서 소름이 돋았고 현실의 냉혹함을 알 수 있었다. 애들이 다들 느낀 점이 많았을 것 같아서 참 현실을 알기에 좋은 게임인 것 같다.

학생들 반응이 상당히 좋아서 연타석 홈런을 날리겠다는 마음으로 선다형 지필 고사도 수업 상황을 재구성하여 만들어 보았습니다.

〈관련 선다형 문항〉

(10-11) 다음을 읽고 물음에 답하시오.

〈 최고의 보드게임 : 처절하고 냉혹한 인생게임 〉

* 게임규칙

1. 5명의 게임 참가자는 다음 역할을 하나씩 나누어 갖는다.
   - 대기업 CEO 자녀, 변호사 자녀, 중소기업 CEO 자녀, 공무원 자녀, 고아
2. 가위, 바위, 보를 하여 이긴 사람 두 명을 뽑고, 그들만 사다리를 올라간다.
3. 단, 대기업 CEO 자녀는 5칸, 변호사 아들은 4칸, 중소기업 CEO 자녀는 3칸, 공무원 아들은 2칸, 고아는 1칸씩 올라갈 수 있다.
4. 총 30칸의 사다리를 올라가는데, 마지막에 도착한 사람은 벌칙을 받는다.

10. 위 게임이 현실화된 사회에서 나타날 수 있는 문제를 아래 사상에 근거하여 지적한 것으로 볼 수 있는 것을 〈보기〉에서 모두 고르면?

> 자신의 타고난 지위와 재능에 대해 무관심 할 때, 우리는 모두를 위한 공정한 규칙을 만들어 낼 수 있다.

〈보기〉

ㄱ. 평등한 분배에 따라 근로 의욕이 감소된다.
ㄴ. 불공정한 분배를 개인의 문제로 착각하게 만든다.
ㄷ. 전체주의적 경향이 짙어져 개인의 자유를 제한하게 된다.
ㄹ. 천부적 자질을 개인에게 귀속시키는 것을 당연시 여길 수 있다.

① ㄱ, ㄴ　② ㄱ, ㄷ　③ ㄴ, ㄷ　④ ㄴ, ㄹ　⑤ ㄷ, ㄹ

11. 게임의 공정성 향상을 위해 〈보기〉의 규칙을 추가할 때, 다음 사상의 밑줄 친 부분에 근거한 것으로 볼 수 있는 규칙은?

정의로운 사회란, 첫째, 각 사람이 다른 모든 사람의 자유와 양립할 수 있는 평등한 기본적 자유를 최대한 누릴 수 있는 사회이다. 둘째, 사회적, 경제적 불평등은 최소 수혜자에게 최대의 이익을 보장하되, 후세를 위한 절약의 원칙에 위배되지 않도록 조정되고, 또 그 불평등의 계기가 되는 지위는 공정한 기회 균등의 원칙에 따라 모든 사람에게 개방되는 사회이다.

〈 보기 〉

ㄱ. 무인도 칸을 만든 후, 무인도 도착자는 두 번씩 쉬게 한다.
ㄴ. 우주여행 칸을 만들고, 여기에 도착하면 누구나 세 칸씩 위로 가게 한다.
ㄷ. 고아는 20칸 위에서, 공무원 자녀은 13칸 위에서, 중소기업 CEO 자녀는 9칸, 변호사 자녀는 3칸 위에서 출발하도록 한다.
ㄹ. 가위바위보에서 질 경우, 대기업 CEO 아들은 4칸 뒤로, 중소기업 CEO 자녀는 3칸 뒤로, 변호사 자녀는 2칸 뒤로, 공무원 자녀는 1칸 뒤로 간다.

① ㄱ, ㄴ　② ㄱ, ㄹ　③ ㄴ, ㄷ　④ ㄷ, ㄹ　⑤ ㄱ, ㄴ, ㄹ

10번 문제는 다소 어렵게, 11번 문제는 10번에 비해서는 비교적 쉽게 출제 했습니다. 그렇다고 해도 11번 문제에 대한 정답률이 91.98%가 나온 것은 문제가 쉬웠기 때문이라고만 보기는 어렵겠습니다. 학생들이 몰입하여 학습한 내용에 대해서는 거의 정확하게 내용까지 이해하고 있다고 보아야겠습니다. 10번 문제의 정답률은 66.24%인데요. 문제 자체의 난이도 치고는 낮지 않은 정답률로 보입니다.

2,3차시는 평범하게 토의하고 강의를 진행하였고요. 4차시에는 다시 수행평가 활동으로서 '실신청년에게 보내는 편지쓰기'를 했습니다. 실신청년은 실업자 청년, 신용불량자 청년을 합성한 신조어입니다. 최근 들어 취업을 못해 생계 위협을 받는 청년들이 늘어나고 있는데요. 이 청년들을 앞서 공부한 '사회적 약자'로 보고 이들을 위로하고, 구제할 수 있는 정책을 만들어 보자고 한 거지요. 더불어 약간의 재미와 책임감 형성을 위해 청와대에서 정책 메시지를 담은 편지 형태로 만들게 하였습니다. 역시나 학생들이 그냥 움직이기는 쉽지 않을 거라 판단해서 미국 백악관의 민원 전담팀 편지 답장[25] 사례 등을 소개하기도 하였습니다. 청년 실상을 알리기 위한 글도 읽어주었고요.

〈'청와대가 실신청년에게 보내는 편지'쓰기 활동〉

내용 및 목적	우리 시대의 사회적 약자라 할 수 있는 실신청년들에게 청와대가 위로의 메시지와 구체적 청년 정책을 담은 편지를 쓴다고 가정하여 청년 현실에 대해 공감하게 하고, 현실 개선 의지를 갖게 하며, 구체적 정책 대안을 마련하는 활동

25) https://petitions.whitehouse.gov/ 에 정책청원을 할 경우 백악관 we the people 팀으로부터 답신을 받을 수 있습니다. 국내 이슈 관련하여 백악관은 2016년 여름 한국 영토 내 사드 배치 반대 청원에 대해 편지 형식으로 답신한 바 있습니다.

진행방법	청년 실상에 대한 안내 청년 탄원에 대한 답변서 쓰기 안내 평가 기준 안내 작성 및 발표
평가기준	위로의 메시지가 담겨 있는가? 존 롤즈의 이론을 바탕으로 한 정책 대안이 담겨있는가? 정책 대안이 구체적인가? 정책 대안이 현실적인가?

〈'청와대가 실신청년에게 보내는 편지'쓰기 활동 결과물〉

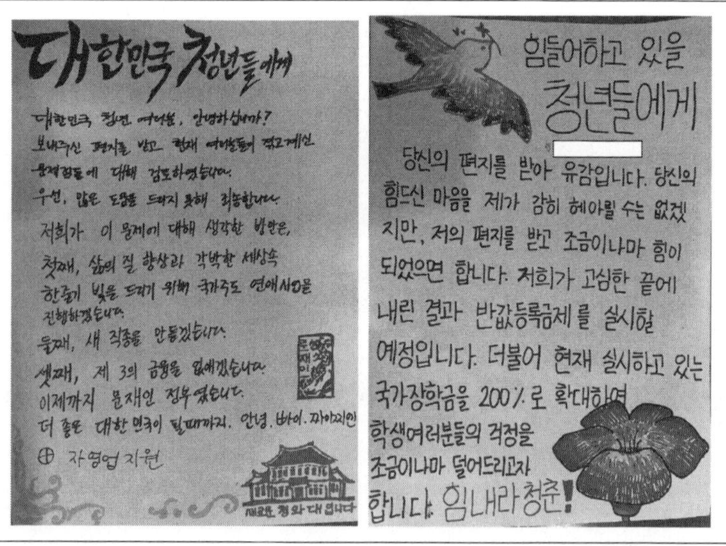

앞서와 마찬가지로 이 장면을 이용하여 선다형 문항도 만들어 보았습니다.

〈관련 선다형 문항〉

15. (가)에서 언급된 '실신청년'을 (나)의 '최소 수혜자'에 해당한다고 가정할 때, (나)의 입장에 근거한 정책으로 보기에 적절한 것을 〈보기〉에서 고르면?

(가) '실신청년'이란 신조어는 실업자 및 신용불량자 상태의 청년을 지칭하는 말로 현대 청년 세대의 취업난 및 생활고를 상징하는 용어이다. 이런 세태에 대해 취업도 못한 무능력한 청년들이 빚까지 내어 흥청망청 소비한다는 비판이 있는가하면, 청년들이 이런 상황으로까지 내몰린 건 청년들 개인의 문제가 아니라 사회 구조적인 문제라며 이들을 돕고자 노력하는 사람들도 늘어나고 있다.

(나) 그는 정의를 기초로 사회 계약 이론을 발전시킴으로써 사회 구성원들의 합리적 의사 결정을 정의의 원칙으로 제시했다. 합리적 의사 결정은 구성원들이 합의한 공정한 절차를 의미하며, 이는 사회 정의에서 가장 중요한 것이다. 결국 정의로운 사회의 기준은 사회의 '최소 수혜자' 즉, 사회 소외 계층에 대한 사회적 역할이 중요하다는 결론을 내리게 된다.

〈보기〉

ㄱ. 청년 일자리 확충을 위해 공무원 정년을 만 50세로 단축한다.
ㄴ. 국가 청년위원회를 신설하여 청년 관련 정책 입안을 돕는다.
ㄷ. 청년 기본 수당제를 시행해 23세 이상의 청년에게 무상급여를 제공한다.
ㄹ. 청년 정책 재원 확보를 위해 만 35세를 기점으로 임금 피크제를 시행한다.

① ㄱ, ㄴ ② ㄱ, ㄹ ③ ㄴ, ㄷ ④ ㄴ, ㄹ ⑤ ㄷ, ㄹ

어떠셨나요? 이렇게 10개의 수업과 평가에 대한 사례를 모두 말씀드렸습니다. 비범한 평가와 비범한 수업, '학생 참여 중심, 과정 중심의 성장과 성찰이 있는' 수업과 평가였다고 판단할 수 있을까요?

V. 비범한 평가는 정말 실패했는가?

1. 평가 대상 역량의 설정 및 척도 설계의 부재

평가에 관한 최근 논의는 기본적으로 '평가를 왜 하는가?'에 많이 맞추어져 있는 편입니다. 상대평가니 절대평가니 하는 것들이 주로 그렇습니다. 평가 목적이 평가 관련 논의의 대세인 셈이지요. 물론 평가의 방향이 몹시 중요합니다만, 일단 평가의 방향이 설정이 완료되었다면, 그 다음으로는 '무엇을 평가할 것인가?', '어떻게 평가할 것인가?'의 문제를 다루게 됩니다.

'무엇을 평가할 것인가?'라는 문제는 교과별로 측정하고자 하는 대상, 수업 측면에서 말해보면, 성장 시키고 싶은 교과별 능력 등을 의미한다고 볼 수 있습니다. 최근에는 이런 개념이 '역량'이라는 용어로 설명되고 있습니다. 1장 연구계획서에서 밝힌 바와 같이 평가 관련 연구에 앞서, '무슨 역량을 신장시켜야 하는가?'라는 문제에 집중하겠다고 밝혔습니다. 그러나 안타깝게도 제가 수행한 실제의 평가 개선 실천은 '무엇을' 평가 대상으로 삼았는지 명확하게 설명하지 못했습니다. 그저 막연한 말로 '비판적 사고력'이니, '배려적 사고력이니' 등을 내세웠을 뿐입니다. 왜 도덕 윤리 교과에서 비판적 사고력이나, 배려적 사고력을 신장시키려 드는지, 그것은 다른 능력과 어떤 점에서 차별화 되는지에 대해선 거의 논의하지 못했습니다.

'어떻게 평가할 것인가?'의 문제는 평가 척도와 관련된 문제입니다. 특정한 능력 혹은 역량을 평가 대상으로 삼는다고 할 때, 꼭 필요한 것은 그 세부적인 기준입니다. 어떤 능력의 저급한 수준과 고급한 수준의 위계를 3분위든, 5분위든 수준으로 나누고, 위계를 '왜 그렇게 나눌 수 있는지', 위계 설정의 기준을 밝혀주는 것이 필요한데 그 과정을 못해 낸 겁니다.

구체적으로 예를 들면, 다음과 같은 것들입니다. 교육과정평가원에서 주관한 '2017학년도 학생평가 고등학교 교원 역량 강화 연수'에 참석한 몇몇 도덕 선생님께서 개발하신 척도인데요. '배려'라는 도덕적 행위를 '경청'과 '소통'으로 세분하고 그 수행 능력의 정도를 상중하로 나누되, 그 정도의 기준을 밝혀 본 겁니다. 물론 아래 설정 역시도 '왜 그 역량인가?', '무슨 근거로 그러한 기준을 설정하였는가?' 대해선 답하기 어렵습니다.

〈평가 내용 선정 및 척도 예시〉

평가 대상 역량		상	중	하
배려하기	경청	소비 활동에 연계된 자원, 생산자, 지역 환경, 동식물미래 세대 등에 대한 배려를 종합적으로 고려하고 있고, 개인의 경험 및 사례를 발표하는 친구들의 발표내용을 요약할 수 있으며, 고개 끄덕이기 등의 적절한 제스처를 포함하여 반응하며, 긍정적 호응을 보여주고 있다.	소비 활동에 연계된 자원, 생산자, 지역 환경, 동식물미래 세대 등에 대해 배려하고 있고, 개인의 경험 및 사례를 발표하는 친구들의 발표내용을 요약할 수 있다.	소비 활동에 연계된 자원, 생산자, 지역 환경, 동식물미래 세대 등에 대해 배려하고 있다.
	소통	소비 활동에 연계된 자원, 생산자, 지역 환경, 동식물미래 세대 등에 대한 배려를 종합적으로 고려하고 있고, 개인의 경험 및 사례를 발표하는 친구들의 발표내용을 요약하고 개선점을 조언할 수 있고 긍정적 상호 작용을 보여주고 있다.	소비 활동에 연계된 자원, 생산자, 지역 환경, 동식물미래 세대 등에 대한 배려를 고려하고 있고, 개인의 경험 및 사례를 발표하는 친구들의 발표내용을 요약할 수 있다.	소비 활동에 연계된 자원, 생산자, 지역 환경, 동식물미래 세대 등에 대해 배려하고 있다.

위와 같은 점에서 볼 때 비범한 평가라고 이름붙인 저의 시도는 평가로서 온전하지 못하다. 즉 '실패했다'라고 볼 수 있겠습니다. 조금 긍정적으로 평가해 보자면 '지나치게 평가 목적과 학생 참여형 방법에만 주목했다. 평가 대상 및 척도 설정이 보완되어야 한다.' 정도라고 할 수 있을까요?

2. 평가 후 피드백 부재

또 하나 살펴볼 문제는 과정형 상시 평가에 따른 상시 피드백 관련 문제입니다. 앞서 서술했듯 식물에 비료를 한 번에 왕창 준다고 잘 자라는 게 아닙니다. 교육과 평가의 목적을 학습자의 성장에 두었다면, 평가를 통해 파악된 학습자의 부족요소에 대한 조언, 긍정요소에 대한 격려와 칭찬 등이 그때 그때 뒤따라야 했는데, 그런 과정은 시도조차 못한 거지요. 물론, 학습자가 너무 많다고 핑계할 수도 있겠습니다만, 적어도 시도는 했어야 하지 않았을까 싶습니다.

이런 이유 때문인지 학생의 학습 상황에 대한 수시 피드백을 '기술을 이용해 극복' 해보고자 하는 시도가 있었는데요. 구글(google)의 클래스룸이라는 서비스입니다. 학생의 과제물 진행 상황을 온라인으로 파악하고 그야말로 '그 때 그 때' 피드백을 날려줄 수 있는 시스템을 만들어 준거지요.26) 저도 아직 이용은 못해봤습니다.

그저 나이스를 이용해 학기말, 연말 평가 기록을 써준 게 전부이니, 냉정하게 말해보면, '성장을 위한 평가'라기 보다는 '질책 받지 않기 위한 평가'를 진행했다고 할 수 있겠습니다. 물론, 그것만으로도 상당히 벅찬 일은 사실이었습니다. 1회의 공식 피드백이었지만 전체 학생을 대상으로 시도하니 쉽지 않았거든요. 혹 다음 학기에도 이 도전을 계속하게 된다면 그 부분의 해결을 위해 노력해 보아야겠습니다.

---

26) https://classroom.google.com/h

3. 이제는 선생님 차례

제가 시도한 평가가 비범한 평가였는지 무모한 평가였는지, 혹은 실패한 평가였는지 저도 잘 모르겠습니다. 선생님께서 적절히 판단해 주세요. 그리고..., 선생님께서도 평가에 대한 고민이 있으셔서 이 책을 집으셨을 텐데요. 혹시라도 이 책을 보고 실망하셨다면, 실망의 지점을 토대로, 혹 자극이 되셨다면, 또 그것대로 '새로운 평가'에 도전해 주시길 권합니다. 그리고 제게 그 과정과 결과를 나누어 주세요. 잘 하셨으면 잘 하신대로 못 하셨으면 못 하신대로. 소심하고 평범한 저도 이렇게 실패한 이야기를 공개했으니까요. 더불어 저나 선생님이나 교육계라는 이 판에 함께하는 사람이니 주어진 문제를 함께 해결했으면 합니다. 학생들에게 매번 이야기 했던 것처럼, 우리는 혼자가 아니니까요.

이상 평범한 교사의 비범한 평가 도전기, 마치겠습니다.

참 고 문 헌

권혁진· 김민경· 이은영(2006) 학습 부진아 수학 클리닉 운영 사례, 한국 학교수학회 논문집 9(1) 19-40

국광윤외(2017)「변화되는 교육환경에 맞춘 중등 수업 평가 혁신 자료집」, 비상교육 21

김아영외(2008)「 부모의 자율성 지지가 초등학생의 자기조절학습효능감에 미치는 영향:자기 결정 동기의 매개효과」 The journal of Korean Education 35(4), 3-24

김진우(2016)「자유학기제의 수업과 평가 혁신을 위해 친절한 성적표를 제안한다」 사교육걱정없는 세상 토론회 발제문

송미영외(2016)「수행평가 확대 실시에 따른 주요 쟁점과 과제」 한국교육과정평가원 연구자료 7

신현화(2011)「프레네 교육론이 교육과정에 주는 함의」 한국교원대학교 석사학위. 74

이수영(2016)「초등학교 핵심역량 기반 영어 수행평가 모형 개발 및 적용」 한국교원대학교 박사학위 논문

이승환(2013)「스마트 폰 학습 애플리케이션의 게임적 보상이 교육 효과에 미치는 영향」 홍익대학교 석사학위 논문 74

김덕년(2017)『교육과정-수업-평가-기록 일체화』 에듀니티

김해경외(2016)『성장과 발달을 돕는 초등 평가 혁신』 맘에드림

마셜B.로젠버그, 캐서린 한 옮김(2004)『비폭력 대화』 한국NVC센터

박현숙외(2015)『수업고수들 수업, 교육과정, 평가를 말하다』 살림터

서울대학교 교육연구소(1995) 『교육학 용어 사전』 하우동설
의정부여자중학교(2015) 『수업을 비우다 배움을 채우다』 에듀니티
이제석(2010) 『광고천재 이제석』 학고재
이형빈(2015) 『교육과정-수업-평가 어떻게 혁신할 것인가』 맘에드림
정창규외(2016) 『평가란 무엇인가』 에듀니티
천정은(2017) 『당신의 교육과정-수업-평가를 응원합니다』 맘에드림

https://classroom.google.com/h
https://petitions.whitehouse.gov/
http://www.jeski.org

부록 1

학기말 자기 성장 평가서 1 〈2016학년도 2학기〉

▮한 학기 나의 윤리 수업을 돌아본다.[省察]

반　번　이름 :

윤리 수업에 열심히 참여해 주어서 고맙습니다. 윤리 수업을 기다려주는 것이 느껴져서 선생님은 참 행복했습니다. 여러분의 성장과 성숙을 위한 수업이었는데, 여러분이 얼마나 변화했는지 궁금하네요. 자 찬찬히 살펴볼까요?

주제	제목	수행평가
0	수업 주제 편성 및 수행평가 선정	
1	생명과 윤리	인스턴트 크로키 글쓰기 - '생명과 나'
2	성과 윤리	이성친구 인터뷰 및 결과 발표
3	정의와 윤리	청와대가 실신청년에게 보내는 편지문 쓰기
4	세계와 평화	적극적 평화 실현을 위해 우리반이 할 일(순위맞추기 게임)
5	소수자와 인권	인권포스터 & 인권 상황극 만들기
6	생태와 윤리	'동물-식물-생태'와의 비폭력 대화

[나]

1. 나는 윤리 수업에 적극적으로 참여했다.

매우 그렇다	그렇다	보통이다	그렇지 않다	매우 그렇지 않다

2. 나는 윤리 수업에 친구들과 협동하기 위해 힘썼다.

매우 그렇다	그렇다	보통이다	그렇지 않다	매우 그렇지 않다

3. 나는 윤리 수업에서 배운 것들을 익히고 실천하기 위해 힘썼다.

매우 그렇다	그렇다	보통이다	그렇지 않다	매우 그렇지 않다

4. 한 학기 윤리 수업을 통해 배우고 익힌 것들을 생각나는 대로 써 보세요.

5. 윤리 시간 생각해 본 것들, 질문했던 것들, 궁금했던 것들을 생각나는 대로 써보세요.

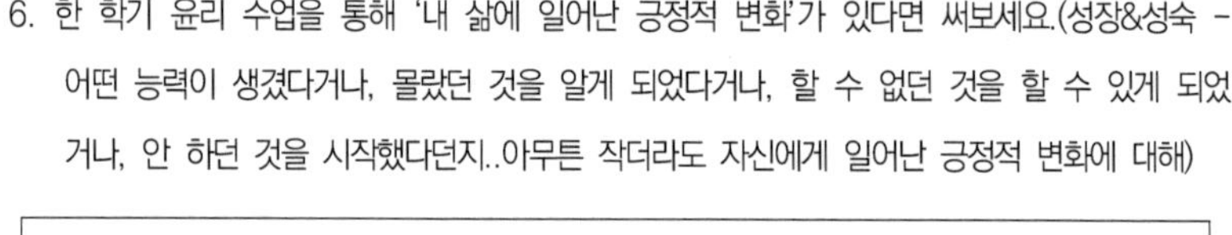

6. 한 학기 윤리 수업을 통해 '내 삶에 일어난 긍정적 변화'가 있다면 써보세요.(성장&성숙 - 어떤 능력이 생겼다거나, 몰랐던 것을 알게 되었다거나, 할 수 없던 것을 할 수 있게 되었거나, 안 하던 것을 시작했다던지..아무튼 작더라도 자신에게 일어난 긍정적 변화에 대해)

7. 수업에 참여한 '자신의' 모습 중에 아쉬웠던 것들을 써보세요. (~했다면 좋았을텐데, ~을 더 해볼 걸, ~은 하지 말았어야 하는데 등)

[우리]

8. 윤리 시간을 통해 새롭게 알게 된 친구가 있다면? 또는 원래 알던 친구인데 새롭게 알게 된 친구의 모습이 있다면 써주세요.

9. 나와 친구들의 성장이 일어나는 윤리 시간을 위해 앞으로 우리 반 또는 내가 해야 할 일이 있다면 무엇일까요?

[선생님&수행평가]

10. 수업을 이끌어가는 선생님의 좋았던 모습과 아쉬웠던 모습을 각각 써주세요.

좋았던 점	아쉬웠던 점

11. 수행평가가 참 어려웠죠? 수행평가의 좋았던 점과 아쉬웠던 점을 각각 써주세요.

좋았던 점	아쉬웠던 점

12. 김수길 선생님, 또 우리 __ 반과 함께한 윤리 수업을 한 마디로 써 본다면?

13. 윤리 수업에 참여한 자신의 모습을 한 마디로 써 본다면?

부록 2

학기말 자기 성장 평가서 2 〈2017학년도 1학기〉

▌한 학기 나의 윤리 수업을 돌아본다.[省察] – '2017년 1학기 윤리와 사상' 수업을 끝내면서

반 번 이름 :

선생님은 여러분과 윤리수업으로 만나면서 서로의 삶을 나눌 수 있어서 참 행복한 한 학기를 보냈습니다. 특히 부족한 나를 참교사(?)로 불러 주며 나와 수업을 기다려 준 친구들이 있어서 너무 너무 고마웠습니다. 이제는 여러분 차례인데요. 한 학기 동안 무엇을 배우고 익혔고, 어떻게 삶이 변했는지 생각해보는 시간을 가졌으면 합니다.

순서	수업 주제	수행평가
	수업 주제 편성 및 수행평가 선정	갤러리 워킹으로 살펴보는 우리가 만든 수업 계획
1	인간다움과 나다움	나다움, 우리다움 그려보기
2	고대 동양의 세계관과 인간관 (유가,도가 윤리)	노자와 공자 – 선거 포스터 만들기
3	불교의 세계관관과 인간관(불교윤리)	인연생기 게임
4	개인의 행복과 사회 행복의 조화 (공리주의)	공리주의 스피드 게임
5	분배 정의 (존 롤즈의 공정으로서의 정의)	실신청년에게 보내는 청와대의 편지
	수업 평가	성찰지 기록하고 발표하기

[나]

1. 나는 윤리 수업에 적극적으로 참여했다.

매우 그렇다	그렇다	보통이다	그렇지 않다	매우 그렇지 않다

2. 나는 윤리 수업에 친구들과 협동하기 위해 힘썼다.

매우 그렇다	그렇다	보통이다	그렇지 않다	매우 그렇지 않다

3. 나는 윤리 수업에서 배운 것들을 익히고 실천하기 위해 힘썼다.

매우 그렇다	그렇다	보통이다	그렇지 않다	매우 그렇지 않다

4. 한 학기 윤리 수업을 통해 배우고 익힌 것들을 생각나는 대로 써 보세요.

5. 윤리 시간 생각해 본 것들, 질문했던 것들, 궁금했던 것들, 더 탐구해보고 싶은 것들을 생각나는 대로 써보세요.

6. 한 학기 윤리 수업을 통해 '내 삶에 일어난 긍정적 변화'를 써보세요.(성장&성숙 - 어떤 능력이 생겼다거나, 몰랐던 것을 알게 되었다거나, 할 수 없던 것을 할 수 있게 되었거나, 안 하던 것을 시작 했다던지..아무튼 작더라도 자신에게 일어난 긍정적 변화에 대해)

7. 수업에 참여한 '자신의' 모습 중에 아쉬웠던 것들을 써보세요. (~했다면 좋았을텐데, ~을 더 해볼 걸, ~은 하지 말았어야 하는데 등)

[우리]

8. 윤리 시간을 통해 새롭게 알게 된 친구가 있다면? 또는 원래 알던 친구인데 새롭게 알게 된 친구의 모습이 있다면 써주세요.

9. '나와 친구들의 성장'과 '서로의 협력'을 위한 윤리 시간을 만들기 위해 우리 반 또는 내가 해야 할 일이 있다면 무엇이 있을까요? 구체적인 제안을 부탁드려요.

[선생님&수행평가]

10. 수업을 이끌어가는 선생님의 좋았던 모습과 아쉬웠던 모습을 각각 써주세요.

좋았던 점	아쉬웠던 점

11. 수행평가가 참 복잡하고 어려웠죠? 수행평가의 좋았던 점과 아쉬웠던 점을 각각 써주세요.

좋았던 점	아쉬웠던 점

12. 다음 학기에 공부해보고 싶은 수업 주제 / 수업 방식 / 평가 방식이 있다면 제안해 주세요.

수업주제	수업방식	평가방식

13. 김수길 선생님, 또 우리 ___ 반과 함께한 윤리 수업을 한 마디로 써 본다면?

14. 윤리 수업에 참여한 자신의 모습을 한 마디로 써 본다면?

부록 3

2016학년도 2학기 평가 계획서

2016년도 2학년 2학기

도덕과-생활과윤리 평가계획

1 평가의 목적

현대 생활의 제 영역에서 발생하는 다양한 윤리 문제들을 주도적으로 탐구하고 성찰함으로써 인간과 세계를 윤리적인 관점에 비추어 올바르게 이해하고, 도덕적 판단력 및 의사결정 능력을 함양하며, 공동체 안에서 도덕적 삶을 실천할 수 있는 인성을 기른다.

2 평가의 기본방향과 방침

가. 평가의 기본방향

1) 다양한 윤리 이론 및 관련된 중요 개념들을 명확히 이해하고 있는지 평가한다.
2) 다양한 윤리 이론을 윤리적 문제에 적용하여 문제의 해결책을 제시하는 능력을 평가한다.
3) 도덕적 민감성, 도덕적 실천 의지와 같은 정의적 능력을 평가한다.

나. 평가의 방침

1) 평가비율은 지필평가 40%, 수행평가 60%로 한다.
- 지필평가: 지필평가는 100점 만점으로 출제하며, 5지 선다형과 서·논술형 평가 문항으로 출제하는 것을 원칙으로 하고 제한된 시간을 충분히 활용할 수 있는 문항수를 출제한다.
- 수행평가: 학기별로 실시하여 100점 만점으로 처리하며, 학습태도, 과제수행 능력을 중시하며 학기별로 실시하여 학기말에 적용한다.

2) 서술형·논술형 평가는 학기 단위 합산 점수의 35%이상이 되도록 한다. 논술형 평가는 수행 평가의 논술 평가 및 지필평가의 서논술 문항으로 구성한다.
3) 평가 전 성취기준, 평가기준과 평가내용, 채점기준, 시기, 횟수 등을 학생과 학부모에게 자세히 공지하여 평가의 타당도와 신뢰도 및 투명성을 확보한다.
4) 결시자, 전입생, 복학생의 성적처리는 학교성적관리규정에 준한다.
5) 평가결과는 학습자의 성취수준을 판단하고, 교수 · 학습 방법과 내용을 개선하는 데 적절히 활용한다.

3 평가의 종류와 반영 비율

<table>
<tr><th rowspan="2">구분
(반영
비율)</th><th colspan="3">평가영역</th><th rowspan="2">비율</th><th rowspan="2">환산
점수</th><th rowspan="2">서·논술형
비율</th><th rowspan="2">평가
시기</th><th rowspan="2">평가
내용
(성취
기준)</th></tr>
<tr><th colspan="2">유형</th><th>배점</th></tr>
<tr><td rowspan="4">지필
평가
(40%)</td><td rowspan="2">1차</td><td>선택형</td><td>100</td><td rowspan="2">20%</td><td>20</td><td></td><td rowspan="2">10월</td><td rowspan="2">고생11-
고생62</td></tr>
<tr><td>서·논술형</td><td>0</td><td>0</td><td>0%</td></tr>
<tr><td rowspan="2">2차</td><td>선택형</td><td>100</td><td rowspan="2">20%</td><td>20</td><td></td><td rowspan="2">12월</td><td rowspan="2">고생11-
고생62</td></tr>
<tr><td>서·논술형</td><td>0</td><td>0</td><td>0%</td></tr>
</table>

수행 평가 (60%)	비판적 사고력	20	20%	20	20%	수시	고생11-고생62
	세계와 자아 성찰 능력	20	20%	20	20%		
	배려와 나눔	20	20%	20	0%		
총계			100 %	100점	40%		

4 교과목별 기준 성취율과 성취도

성취율(원점수)	성취도
90%이상	A
80%이상~90%미만	B
70%이상~80%미만	C
60%이상~70%미만	D
60%미만	E

5 1학기 성취 수준

성취도	학기 단위 성취 수준
A	현대 생활의 제 영역에서 발생하는 윤리적 문제들의 의미와 성격을 다양한 윤리적 관점에 비추어 올바르게 이해하며, 이러한 윤리적 문제를 바람직하고 합리적으로 해결할 수 있는 합리적 능력과 적극적인 태도를 지니고 있다.
B	현대 생활의 제 영역에서 발생하는 윤리적 문제들의 의미와 성격을 다양한 윤리적 관점에 비추어 이해하며, 이러한 윤리적 문제를 합리적으로 해결할 수 있는 능력이나 태도 중 하나의 요소만을 지니고 있다.
C	현대 생활의 제 영역에서 발생하는 윤리적 문제들의 의미와 성격을 부분적으로 이해하며, 그러한 이해의 관점에서 윤리적 문제를 해결할 수 있는 능력이나 태도 중 하나의 요소만을 지니고 있다.
D	현대 생활의 제 영역에서 발생하는 윤리적 문제들의 의미와 성격을 부분적으로 이해한다.
E	현대 생활의 제 영역에서 발생하는 윤리적 문제들의 의미와 성격을 일면적으로 이해한다.

6 수행평가 세부 기준

참고 : 1. 아래 각 항목에 대하여 학생 자율 시행 후 획득한 점수를 누적

2. 시작 가능레벨 : 자율 점수 취득 정도에 따라 1-3 레벨로 나뉘며 다음 표에 의거 상위 레벨로 상향, 특정 레벨에 도달해야 과제 수행 가능

기본점수	모든 수업 참가자 영역별 시작점수 2점 부여	4,10점 도달 시 레벨 상향 및 레벨 상향 점수 1점 부여
레벨 1	2-4점	
레벨 2	5점-10점	
레벨 3	11점 이상	

가. 비판적 사고력

	비판적사고력											
항목	논문	인물연구	주제연구	독서노트	독후감	연구물 발표	토의주제 제출	토의주제 채택	토의베스트3	질문	질문에 대한 답변	조별 발표, 논술 등 기타 수업 활동
시작 가능 레벨	3	3	2	2	2	3	0	0	0	0	0	-
배점 상/중/하	10/7/3	5/4/3	5/4/3	0.5	5/4/3	5/4/3	1	1	1	1	1	3/2/1

나. 세계와 자아 성찰 능력(일기 양식은 별도 안내)

	세계와 자아 성찰 능력					
항목	자아 성찰 일기	가족 관찰 일기	세계 관찰 일기	일간지 스크랩 및 소감쓰기	전문 비평지 스크랩 및 소감쓰기	조별 발표 등 기타 수업 활동
시작 가능 레벨	1	1	2	3	3	-
배점	1 (주 최대 2회)	1 (주 최대 2회)	1	3/2/1	3/2/1	3/2/1

다. 배려와 나눔

	배려와 나눔							
항목	노트필기	교과서 및 노트준비	칠판닦음	교탁정리	선물나눔 (최초 1회만 점수 부여)	수업조교	편지쓰기 (최대 3회까지만 점수 부여)	조별 발표 등 기타수업 활동
시작 가능레벨	1	1	1 (1레벨만 가능)	1 (1레벨만 가능)	2	-	3	-
배점	0.5	0.5	0.5	0.5	3	3	3	3/2/1

라. 평가 영역별 평가 기준

1) 비판적 사고력

비판적 사고력 평가 기준	채점기준		
	우수	보통	미흡
1. [논문] 주제가 명료하며 주장과 근거의 논리적 연관이 분명하여 짜임새 있으며, 접근이 창의적이고 다양한 해결방안을 제시하고 있는가?	10	7	3
2. [인물/주제/독후감] 주제가 명료하며 주장과 근거의 논리적 연관이 분명하여 짜임새 있으며, 접근이 창의적이고 다양한 해결방안을 제시하고 있는가?	5	4	3
3. [발표]주제가 명료하며 주장과 근거의 논리적 연관이 분명하여 짜임새 있으며, 접근이 창의적이고 다양한 해결방안을 제시하며, 적극적인 자세로 설득하고 있는가?	5	4	3
4. [기타조별발표 및 논술]발표(논술) 내용의 주제가 명료하고, 접근이 창의적이며, 자신감있는 자세(짜임새 있는 구조)로 발표하는가?	3	2	1
5. [질문/답변/토의주제제출 및 채택] 자율적 참여 횟수에 따라 점수 부여	1		
최대점(20점)			

2) 세계와 자아 성찰 능력

세계와 자아 성찰 능력 평가 기준	채점기준		
1. [자아 성찰 일기 등] 각 항목 참여 횟수 누적	세부 영역별 0.5-3점('나' 참조)		
2. [스크랩후 소감] 주제가 명료하며 주장과 근거의 논리적 연관이 분명하여 짜임새 있으며, 접근이 창의적이고 다양한 해결방안을 제시하고 있는가?	3	2	1
3. [기타조별발표]발표 내용의 주제가 명료하고, 접근이 창의적이며, 자신감있는 자세로 발표하는가?	3	2	1
최대점(20점)			

3) 배려와 나눔 능력

배려와 나눔 능력 평가 기준	채점기준		
1. 필기/노트준비 등 각 항목 참여 횟수 누적	세부 영역별 0.5-1점('다' 참조)		
2. [기타조별발표]발표 내용의 주제가 명료하고, 접근이 창의적이며, 자신감있는 자세로 발표하는가?	3	2	1
최대점(20점)			

7 평가결과 분석 및 활용방안

가. 학습자의 성취수준 분석을 통해 지속적인 교육과정, 교수·학습 방법 개선을 위한 참고 자료로 활용한다.

나. 학습과정 평가, 정의적 영역 평가를 통해 학생 이해의 폭을 넓히고 인성, 진로 교육, 학부모 상담 자료로 활용한다.

다. 평가 결과를 누가 기록하여 개인별 성장 수준을 파악하고 교과 역량이 뛰어난 학생 발굴 및 교과수월성 교육 자료로 활용한다.

8 수행평가 미응시자 및 학적 변동자 처리

가. 배점은 영역에 따라 정하고, 공결이나 병결, 무단결, 기타결의 경우 추가 평가를 실시하여 성적을 산출함을 원칙으로 하되, 추가 평가가 불가능할 경우에는 교과협의를 통하여 정하되, 학교성적 관리위원회의 결정에 따른다.

나. 전입생 및 특수학생의 수행평가 처리는 덕소고등학교 학업성적관리 규정에 준한다.

9 평가 유의사항

가. 수행평가 결과는 학생들에게 공개하여 투명성과 신뢰성을 확보한다.

나. 결과물은 확인시킨 후 학생들에게 환원한다.

부록 4

2017학년도 1학기 평가 계획서

2017년도 2학년 1학기

도덕과-윤리와사상 평가계획

1 평가의 목적

'바람직한 윤리관과 사회 사상적 시각 정립'이라는 윤리와 사상 교과의 목표 달성 및 자율적인 도덕 판단 능력과 실천 의지의 함양을 평가의 목적으로 한다. 이를 위하여 일상생활에서 발생하는 윤리적 문제들을 해결하는데 필요한 반성적 사고의 토대와 이론적 근거 및 정의적 능력을 평가하고자 한다.

2 평가의 기본방향과 방침

가. 평가의 기본방향

1) 다양한 윤리 이론 및 관련된 중요 개념들을 명확히 이해하고 있는지 평가한다.
2) 다양한 윤리 이론을 윤리적 문제에 적용하여 문제의 해결책을 제시하는 능력을 평가한다.
3) 도덕적 민감성, 도덕적 실천 의지와 같은 정의적 능력을 평가한다.
4) 성장 과정에 대한 자율적 계획 수립이 될 수 있도록 평가한다.

나. 평가의 방침

1) 평가비율은 지필평가 30%, 수행평가 70%로 한다.
   - 지필평가: 지필평가는 100점 만점으로 출제하며, 5지 선다형과 서·논술형 평가 문항으로 출제하는 것을 원칙으로 하고 제한된 시간을 충분히 활용할 수 있는 문항수를 출제한다.
   - 수행평가: 학기별로 실시하여 100점 만점으로 처리하며, 학습태도, 과제수행 능력을 중시하며 학기별로 실시하여 학기말에 적용한다.
2) 서술형·논술형 평가는 학기 단위 합산 점수의 35%이상이 되도록 한다. 논술형 평가는 수행 평가의 논술 평가 및 지필평가의 서논술 문항으로 구성한다.
3) 평가 전 성취기준, 평가기준과 평가내용, 채점기준, 시기, 횟수 등을 학생과 학부모에게 자세히 공지하여 평가의 타당도와 신뢰도 및 투명성을 확보한다.
4) 결시자, 전입생, 복학생의 성적처리는 학교성적관리규정에 준한다.
5) 평가결과는 학습자의 성취수준을 판단하고, 교수 · 학습 방법과 내용을 개선하는 데 적절히 활용한다.

3 평가의 종류와 반영 비율

구분 (반영비율)	평가영역			비율	환산 점수	서·논술형 비율	평가 시기	평가 내용 (성취 기준)
	유형		배점					
지필 평가 (30%)	1차	선택형	100점	10%	10		5월	고윤11-고윤30
		서·논술형	0점		0	0%		
	2차	선택형	100점	20%	20		7월	고윤31-고윤47
		서·논술형	0점		0	0%		

수행 평가 (70%)	개인 연구 활동(과제형) 및 수업 중 활동(과정형)	70%	70	70%	수시	고 윤 11-47
총계		100 %	100 점	70%		

4 교과목별 기준 성취율과 성취도

성취율(원점수)	성취도
90%이상	A
80%이상~90%미만	B
70%이상~80%미만	C
60%이상~70%미만	D
60%미만	E

5 1학기 성취 수준

성취도	학기 단위 성취 수준
A	동·서양 및 한국의 윤리 사상과 사회사상의 흐름과 특징에 대한 올바른 이해를 바탕으로, 현대 사회 생활의 여러 영역에서 발생하는 다양한 문제들에 대해 윤리적 문제로 민감하게 인식하고, 이를 합리적으로 해결하기 위한 자율적 판단 능력과 적극적인 태도를 지닐 수 있다.
B	동·서양 및 한국의 윤리 사상과 사회사상의 흐름과 특징에 대한 올바른 이해를 바탕으로, 현대 사회 생활의 여러 영역에서 발생하는 다양한 문제들을 인식하여, 이를 해결하기 위한 자율적 판단 능력과 태도를 지닐 수 있다.
C	동·서양 및 한국의 윤리 사상과 사회사상의 흐름과 특징에 대한 올바른 이해를 바탕으로, 제한적이지만 현대 사회에서 발생하는 다양한 문제를 해결하기 위한 판단 능력과 태도를 지닐 수 있다.
D	동·서양 및 한국의 윤리 사상과 사회사상의 흐름과 특징에 대해 부분적으로 이해하고, 이를 바탕으로 제한적이지만 현대 사회에서 발생하는 다양한 문제를 해결하기 위한 판단 능력을 지닐 수 있다.
E	동·서양 및 한국의 윤리 사상과 사회사상의 흐름과 특징에 대해 부분적으로 이해할 수 있다.

6 수행평가 세부 기준

* 모든 수행평가는 6월16일까지 마감함

가. 비판적 사고력 (35점)

	비판적사고력					
	과제형				과정형	
항목	논문 (횟수 제한 없음)	논문계획서 / 인물, 주제 연구 보고서 / 독후감 (5월 31일까지, 횟수 제한 없음)	독서노트 (매시간)	연구물 발표 (지정 학생만)	토의 / 질문 베스트 10 (12회 예정)	조별 발표, 논술 등 수업 중 활동 (3회 예정)
배점	상/중/하 7/5/3	상/중/하 3/2/1	0.5	상/중/하 3/2/1	1	상/중/하 4/3/2

나. 배려적 사고력 (35점)

	배려적 사고력						
	과제형		과정형				
항목	수업준비 (매시간)	노트필기 (6회 예정)	교탁, 칠판 정리 (중간고사 이후 부터)	편지쓰기 (최대 3회, 매번 다른 사람에게)	선물나눔 (최초 1회만 점수 부여)	수업조교 (학급별 2인)	조별 발표, 논술 등 수업 중 활동 (3회 예정)
배점	0.5	1	1	3	3	3	상/중/하 4/3/2

다. 평가 영역별 평가 기준

1) 비판적 사고력
(아래 항목에 대해 학습자가 자율적으로 시행하며 누적된 점수를 최종 획득 점수로 인정)

비판적 사고력 평가기준	예상 시행횟수	채점기준		
		우수	보통	미흡
1. [논문] 주제가 명료하며 주장과 근거의 논리적 연관이 분명하여 짜임새 있으며, 접근이 창의적이고 다양한 해결방안을 제시하고 있는가?	1회 이상	7	5	3
2. [계획서/인물/주제/독후감] 주제가 명료하며 주장과 근거의 논리적 연관이 분명하여 짜임새 있으며, 접근이 창의적이고 다양	각 1회 이상	3	2	1

한 해결방안을 제시하고 있는가?				
3. [연구발표]주제가 명료하며 주장과 근거의 논리적 연관이 분명하여 짜임새 있으며, 접근이 창의적이고 다양한 해결방안을 제시하며, 적극적인 자세로 설득하고 있는가?	1회 이상	3	2	1
4. [조별발표, 논술 등 수업 중 활동]발표(논술) 내용의 주제가 명료하고, 접근이 창의적이며, 자신감있는 자세(짜임새 있는 구조)로 발표하는가?	3회	4	3	2
5. [토의/질문 베스트 7] 자율적 참여 횟수 및 동료 평가에 따라 참여자 중 7인에게 점수 부여	12회		1	
6. [독서노트] 독서 활동 기록물 제출자에게 매 시간 부여	34회		1	
최대점(35점)				

2) 배려적 사고력
(아래 항목에 대해 학습자가 자율적으로 시행하며 누적된 점수를 최종 획득 점수로 인정)

배려적 사고력 평가 기준	예상 시행 횟수	채점기준		
1. [수업준비] 자율적 참여자에게 매 시간 부여	34회		0.5	
2. [노트준비/교탁칠판정리] 자율적 참여자에게 매 시간 부여	34회		1	
3. [편지쓰기/선물나눔/수업조교] 자율적 활동 참여자에게 부여	편지 3회 선물/조교 1회		3	
4. [조별발표, 논술 등 수업 중 활동]발표(논술) 내용의 주제가 명료하고, 접근이 창의적이며, 자신감있는 자세(짜임새 있는 구조)로 발표하는가?	3회	4	3	2
최대점(35점)				

7 평가결과 분석 및 활용방안

가. 학습자의 성취수준 분석을 통해 지속적인 교육과정, 교수·학습 방법 개선을 위한 참고 자료로 활용한다.
나. 학습과정 평가, 정의적 영역 평가를 통해 학생 이해의 폭을 넓히고 인성, 진로 교육, 학부모 상담 자료로 활용한다.
다. 평가 결과를 누가 기록하여 개인별 성장 수준을 파악하고 교과 역량이 뛰어난 학생 발굴 및 교과수월성 교육 자료로 활용한다.

8 수행평가 미응시자 및 학적 변동자 처리

가. 배점은 영역에 따라 정하고, 공결이나 병결, 무단결, 기타결의 경우 추가 평가를 실시하여 성적을 산출함을 원칙으로 하되, 추가 평가가 불가능할 경우에는 교과협의를 통하여 정하되, 학교성적 관리위원회의 결정에 따른다.
나. 전입생 및 특수학생의 수행평가 처리는 덕소고등학교 학업성적관리규정에 준한다.

9 평가 유의사항 및 기타

가. 결과와 과정 및 평가기준을 학생들에게 공개하여 투명성과 신뢰성을 확보한다.
나. 결과물은 평가 종료 및 학생 확인 후 학생들에게 돌려준다.
다. 학기초 평가 계획에 학습자를 참여시켜 학습자의 자발적 평가를 유도하며, 평가에 대한 적극적 참여 의지를 높여준다.
라. 본 안은 교수자에 의해 계획된 초안이며, 학습자와의 조정기간(3월 중)을 거쳐 배점 및 항목 등을 변경, 확정, 고시한다.(4월 전)